어린이·청소년 창작 희곡집

노래 주머니

어린이·청소년 창작 희곡집
노래 주머니

송인현 지음

펴낸날 2023년 12월 26일 초판1쇄
펴낸이 김남호 | 펴낸곳 현북스
출판등록일 2010년 11월 11일 | 제313-2010-333호
주소 07207 서울시 영등포구 양평로 157, 투웨니퍼스트밸리 801호
전화 02) 3141-7277 | 팩스 02) 3141-7278
홈페이지 http://www.hyunbooks.co.kr | 인스타그램 hyunbooks
ISBN 979-11-5741-396-6 03680

편집장 전은남 | 편집 강지예 | 디자인 김영미 | 마케팅 송유근 함지숙

본 도서는 화성시, 화성시문화재단의 '2023 화성예술활동지원' 사업으로 출판되었습니다.

어린이·청소년 창작 희곡집

노래 주머니

송인현

현북스

어린이·청소년 연극이 꽃피우기를 바라며

방정환 선생은 '아모나(아무나) 하기 쉬운 연극' 운동을 펼치면서 대본에 무대를 만드는 방법은 물론이고 분장하는 방법, 연기하는 방법까지 세세히 설명하셨다.

연극을 하는 것은 인간의 본능이며, 연극은 생각의 틀을 넓히고 서로를 이해하는 데 큰 도움을 준다. 특히 어린이들과 청소년들이 연극을 하면 발표력, 협동심, 상대방에 대한 이해 등 많은 이로운 점을 얻을 수 있지만, 사람들은 보통 연극하는 것을 무척 어렵게 생각한다. 그것은 아마도 잘해야 한다는 부담감 때문일 것이고, 어떻게 시작해야 할지 잘 모르기 때문일 것이다.

예술을 할 때는 잘하는 것보다 더 중요한 것이 많다. 잘해야 한다는 부담만 버리면 글로는 적을 수 없을 만큼 많은 선물이 따라온다. 예술 활동을 하면 창의력이 높아질 것이라고도 생각하는데, 그것은 정해진 틀을 벗어난다는 이야기와 같은 것이다. 그러니 어떻게 할지를 미리 걱정할 필요가 없다. 또한 연극을 하면 협동심이 높아지고 발표력도 좋아진다고 한다. 어디 그뿐인가? 다른 사람이 되어 그 사람 입장에서 생각하고 행동하는 경험을 하게 된다. 이런 경험은 다른 사람을 이해하는 데 큰 도움이 될 것이다.

어린이들과 청소년들이 무대에서 서면 또 다른 선물도 얻을 수 있다. 그것은 '주목받을 수 있다'는 점이다. 다른 사람의 시선이 내게 머무는 경험은 그 사람의 자존감을 키우는 데 매우 중요한 역할을 한다. 그 시선이 두렵다고 말하는 이들도 있는데, 이 두려움은 일종의 카타르시스와도 같은 것이며 인간의 감성 가운데 매우 필요한 정서이다. 물론 개인적 성격 때문에 더 부담을 느끼는 사람들도 있지만 대부분은 경험을 통해 극복할 수 있다. 만약, 직접 무대에 오르는 것이 부담스럽다면 무대 뒤에서 도와주는 일을 하는 것도 좋다. 무대나 의상, 소도구를 만들거나 연기하는 친구의 소품을 챙겨주는 일도 얼마나 귀한 일인가!

남들 앞에 서는 것에 대한 부담감, 두려움이 나를 내세우고자 하는 데서 오는 것이 아니라면 그것은 분명 긍정적인 감정이다. 이러한 두려운 감정을 경험한 사람이 쉽게 나쁜 일을 저지를 수 있을까? 두려움이 뭔지 안다면 나쁜 행동을 하기가 어려울 것이다. 그러니 어린이·청소년들이 연극을 하는 것은 더욱더 중요하다!

다만 이때 연극이 경연이라는 형식을 갖는다면, 많은 부분을 조심하고 신경 써야 한다. 우열을 가릴 수 없는 것으로 우열을 가려야 하기 때문에 참여하는 사람들은 잘해야 한다는 생각이 크게 앞설 수 있다. 또 상처를 받는 사람도 있을 것이다. 잘하는 것도 중요한 일이지만 이것을 너무 앞세우다 보면 자칫 '나만 내세우려는 생각이나 꾸미는 일'에 빠지기 쉽다. 그렇게 되면 연극의 참가치를 잃게 될 염려가 있다. 경연대회를 하지 말자는 것이 아니라 더 많은 부분을 신경 써야 한다는 것이다.

많은 희곡 작가들은 매우 신중하게 대본을 쓴다. 인물의 성격과 대사의 토씨까지 철저하게 계산한다. 그래서 작가들은 자기 대본의 대사를 고치는 것이나 내용을 바꾸는 것을 용납하지 않는다. 한 점, 한 획도 고치지 말라고 한다. 하지만 이 책에 실린 대본(송인현 극본)들은 누구든 마음대로 고쳐서 사용해도 된다.

방정환 선생은 '아모나 하기 쉬운 연극' 운동을 펼치시며 "꼭 (대사를) 외울 필요는 없습니다. 내용만 파악하면 됩니다"라고 하셨다. 외워서 말하는 것에는 힘이 없다. 감동을 줄 수 없다. 작품의 내용을 잘 이해하고 있으면 자유롭게 대사를 바꿔도 된다. 내용을 알고 말하는 것이 외워서 하는 것보다 훨씬 더 중요하다. 그래야 말에 힘이 있다. 연기는 대사를 외우는 것이 아니라 내용을 알고 행동하는 가운데 그 말이 나오는 것이다.

이 책의 대본들을 설계도 이전의 '스케치'로 봐 주었으면 한다. 스케치를 바탕으로 완성한 설계도가 있어야 집을 짓기 시작할 수 있다. 만약 집을 짓는 중간에 변수가 생기면 어떻게 해야 할까? 큰 비용과 시간을 들여 변수를 극복하는 방법도 있지만 설계도를 변경

하는 것이 더 간단할 수도 있다. 그런데 설계도 이전의 스케치 단계라면 보다 쉽게 바꿀 수 있을 것이다.

일반인들이 연극을 할 때, 제일 먼저 고려하는 것은 '대본'이다. 그렇다! 설계도가 있어야 시작을 할 수 있으니까. 연극에서 대본은 집 짓는 데 필요한 설계와 같다. 그런데 대본에서 무엇부터 고려해야 하나? 사람들은 이때 보통 등장인물의 수를 먼저 계산한다. 참여하는 사람의 수와 대본에서 제시된 등장인물의 수가 같거나 비슷한 규모의 작품을 찾으려고 한다. 그런데 중요한 것은 규모가 아니다. 중요한 건 그 이야기가 공감되는지, 관객(동시대인들)과 나눌 만한 가치가 있는지이다. 유명한 작품이니까, 등장인물의 수가 맞으니까 공연하는 것이 아니다. 의미와 가치를 먼저 생각해야 한다. 그것이 단순하게 '재미'라고 해도 좋다. 그래야 작품을 만드는 시간과 경비, 그 외의 노력이 헛되지 않을 수 있다. 실패까지도 아름다울 수 있다.

다음으로 어떻게 연극을 만들지 방법을 찾아야 한다. 어떤 사람들은 연극을 만들어 본 경험이 없으니 전문가를 모셔야 한다고 말한다. 그래서 비용을 고려해 전문가를 백방으로 수소문한다. 그러다가 사람을 못 찾으면 연극 만들기를 포기하기도 한다. 그러나 방정환 선생은 아무나 연극을 할 수 있다고 하셨다. 그 집단(교실)에 노래 부르기를 좋아하는 사람들이 많다면 '노래극'을 만들 수 있고, 춤추는 것을 좋아하는 사람들이 많다면 '춤극'을 만들 수 있다. 중요한 것은 그 집단에서 연극을 만드는 사람들이 잘할 수 있는 방법을 찾는 것이다. 배워야만 하는 것이 아니라, 하면서 방법을 찾을 수도 있다. 연극을 하고 난 다음에 더 많은 것을 배우기도 한다. 때로는 큰 실패가 더 많은 가치를 남겨 주기도 한다.

무엇보다 중요한 것은 '최선을 다하는 것'이다. 앞에서 잘하는 것은 중요하지 않다고 했다. 하지만 최선을 다하느냐 아니냐는 매우 중요하다. 최선을 다하지 못했는데도 박수를 받았다면 자신을 더욱 깊게 들여다봐야 한다. 최선을 다하지 않고도 박수에 만족하면 그것은 스스로를 속이는 일이고, 자칫 자기 자신을 거짓으로 포장하게 된다. 최선을 다하면 점차 성장하게 될 것이고, 이것이 축적되면 나중에는 어느 정도까진 저절로 잘하게 된다.

예술을 이루는 세 개의 축을 생각해 보자. 한 축은 '가치', 또 한 축은 '독창성', 나머지 한 축은 '완성도'라고 하자. 예술을 만드는 사람이나 감상하는 사람은 모두 이 세 축을 생각할 필요가 있다.

가치! 즉, 연극이 관객(동시대인들)과 나눌 만한 가치가 있는 내용인지 고민해야 한다. 그 가치가 놀이(유희)여도 괜찮다. 삶에 지친 사람들에게 웃음을 준다면 그 얼마나 위대한 일인가! 예술가로서 사회와 나눌 만한 가치, 관객과 나눌 만한 가치나 좋아하는 무엇이 있어야 한다. 희곡 작가는 동시대와 나눌 가치를 찾는 사람이고, 이것이 가장 우선되는 덕목이라고 생각한다.

다음은 독창성인데, 이는 앞서 말했듯이 공연을 만드는 사람들이 좋아하고 잘하는 것, 그들의 장점을 최대한 살려 보는 것이다.

어디서 본 좋은 것을 흉내 내는 것이 아니라 연극을 만드는 사람들이 좋아하는 것, 잘하는 것으로 그 집단만의 방법을 찾아보는 것이다.

안타까운 것은 많은 사람들이 세 번째 축인 '완성도'를 가장 중요한 것으로 생각하고 여기에 너무 큰 비중을 둔다는 점이다. 그래서 '연극하는 것'이 부담스러워지는 것이다. 그런데 완성도는 전문가들과 일반인들의 기준이 다르다. 전문가들에게 완성도란 말 그대로 작품의 완성도를 말한다. 하지만 일반인들에게 완성도는 '최선을 다하는 것'으로 바꿔 부르는 것이 좋다. 오히려 잘하겠다는 마음은 내려놓는 것을 추천한다. 이때 최선을 다하라는 것은 연극을 준비하는 동안 모든 일을 멈추고 공연에만 몰두하라는 뜻이 아니다. 개인과 집단의 사정을 고려하여 그 여건 안에서 할 수 있는 최선을 다하라는 것이다. 어쩌면 어떤 사람들은 대강 대강하면서도 최선을 다했다고 할지도 모른다. 하지만 최선을 다했는지 아닌지는 누구보다 자신이 잘 안다.

이 책을 통해 보다 많은 사람들이 자신들만의 방식으로 방정환 선생의 연극 정신, '아모나 하기 쉬운 연극'을 실천할 수 있기를 바란다.

송인현

차례

1.
탈춤극
〈노래 주머니〉

방정환 선생의 어린이극을 재창작하다

작품 의도

탈춤극 〈노래 주머니〉는 1923년 《어린이》 잡지 창간호(3월호, 4월호)에 실린 방정환 선생의 〈노래 주머니〉에서 영감을 얻어 탄생했다. 〈노래 주머니〉는 우리가 흔히 '혹부리 영감 이야기'로 알고 있는 전래동화를 원작으로 하는 이야기이다. 방정환 선생의 〈노래 주머니〉 원작은 지금까지 완성본으로 발견된 우리나라 최초의 어린이극 대본이므로 이 작품이 자주 공연되면서 우리나라 어린이 연극의 역사를 알릴 수 있었으면 했고, 다양한 방법으로 더 많은 어린이극이 만들어졌으면 했다.

원작을 살펴보면 방정환 선생이 처음 〈노래 주머니〉를 쓸 때 《어린이》 잡지를 창간하느라 시간에 쫓겨 매우 급하게 쓴 것 같다. 등장인물인 착한 혹부리 영감이 앞선 3월호에는 그냥 '영감'으로 되어 있는데, 4월호에 가서는 '박 씨'라는 성을 얻어 '박 영감'이 되었기 때문이다. 그러니 치밀하게 계산된 대본이라기보다는 원고 마감에 쫓겨 머릿속에 스치는 이야기를 거침없이 써 내려간 것으로 보인다. 그럼에도 극의 구성이나 인물의 성격을 드러내는 법이 탁월하며, 무엇보다 '말맛'이 아주 잘 살아 있다.

지금도 많은 동화책에서 이 이야기의 두 주인공 중에 한 사람은 단순히 '착한 혹부리 영감', 또 한 사람은 '나쁜 혹부리 영감'이라고 한다. 왜 착한 사람이고 왜 나쁜 사람일까? 그 정당성을 보여주지 않고 한 사람은 선한 모습으로, 다른 사람은 심술궂은 모습으로 그리는데, 이것은 매우 위험한 일이다. 어린이들이 자칫 인상(외모)만 보고 사람을 판단하게 만들 수 있기 때문이다.

반면에 방정환 선생은 자신의 희곡 〈노래 주머니〉에서 초기 극작술임에도 불구하고 외모가 아닌 '행동'과 '말'을 통해 인물의 성격을 분명하게 드러냈다. 예를 들어 도깨비들이 박 영감의 혹이 노래 주머니라며 부러워할 때 박 영감은 "이것은 단순한 혹이지 노래 주머니가 아니다"라고 정직하게 말한다. 두 번째 혹부리 영감인 김 영감은 등장하는 첫 장면에서 어린이들이 잡은 물고기를 빼앗는 모습을 보임으로써 그 성격을 확실하게 드러낸다.

지금도 남의 물건을 빼앗는 행위는 옳지 못한 것으로 여겨지지만, 당시에 도둑질은 가장 나쁜 행위 중 하나로 간주되었다. 일본이 우리나라를 강제로 빼앗은 일제강점기였기에 남의 물건을 빼앗는 행위가 지금보다 훨씬 더 나쁜 일로 받아들여졌던 것이다. 그래서 이 연극은 그 당시의 사회적 가치, 즉 독립운동과도 연결되었다. 더군다나 김 영감은 어린이들이 잡은 물고기를 억지로 빼앗았으니, 당시 관객의 눈에는 더더욱 악한 인물로 비쳤을 것이고 일제의 탄압과도 연결되었을 것이다.

요즘 관객들은 어떻게 행동을 하는 사람을 특히 더 '나쁜 사람'이라고 생각할까? 이 물음에 〈노래 주머니〉에서처럼 '남의 물건을 빼앗는 사람'이 아닌 다른 답을 한다면, 당연히 그 행동으로 내용을 고쳐 김 영감의 성격을 드러낼 필요가 있다. 이런 부분은 대본을 쓴 작가의 의도도 중요하지만 무엇보다 관객이 공감하는 것이 중요하기 때문이다. 관객에게 "옛날에는 이런 행동이 특별히 나쁜 행동이었습니다" 하고 알려 주면서 공감하라고 할 수는 없다. 악역을 보여 주려면 그의 행동이 옳지 않음을 관객이 저절로 알고 공감할 수 있어야 한다.

주제 정하기

〈노래 주머니〉, 즉 '혹부리 영감 이야기'의 주제는 무엇일까? 착한 사람은 복을 받고 악한 사람은 벌을 받는다는 이야기이니 당연히 '권선징악'이라고 할 수 있다. 하지만 답이 여기에만 머문다면 연극을 만드는 사람이나 보는 사람이나 참으로 재미없을 것이다.

연극은 입체적인 이야기이다. 이야기는 이야기지만 줄거리에만 주제가 있는 것이 아니라 공연 자체로도 가치를 갖는다. 무대장치나 의상, 때로는 배우들의 연기에서도 주제를 찾을 수 있다. 〈노래 주머니〉 연극은 이야기 자체도 중요하지만, 관객들이 우리 도깨비 모습을 상상해 보는 것에도 의미가 있다. 나라마다 민족마다 다양한 도깨비가 있고 도깨비 이야기가 있다. 도깨비, 유령, 귀신의 모습은 한 민족의 문화적 유전 인자 속에 고스란히 녹아 있는 것이다. 따라서 관객들이 연극을 통해 우리 도깨비의 모습을 상상할 수 있었으면 했다.

또 하나, 연극에서 중요한 것은 '소통'이다. 관객들이 배우가 전하는 것을 일방적으로 듣고 보기만 하는 것이 아니라, 적극적으로 자기 의견을 말하면서 함께 참여하고 있다는 느낌을 받았으면 했다. 그래서 원작에는 없는 4장을 추가해 넣어 배우와 관객이 함께 어울리는 장면을 만들었다. 이를 참고해 앞부분(1~3장)에서도 어떻게 하면 관객과 소통할지 연극을 만들면서 직접 방법을 찾아봤으면 한다.

연극에는 작가의 의도가 담겨 있기 마련이지만 그 의도가 바로 드러나선 안 된다. 의도가 자연스럽게 전해질 수 있도록 다양한 장치를 만들어야 한다. 어쩌면 그것을 설계도나 스케치, 즉 대본에 담아내고 또 제대로 표현하기란 쉽지 않은 일일 수 있다. 여러 시도를 해 보며 다양한 방법으로 의도를 전할 방법을 찾아보면 좋겠다.

추가된 4장에선 박 영감이 도깨비방망이를 돌려주는 장면을 통해 현대인들이 노력 없이 일확천금을 바라는 욕심을 버렸으면 하는 의도를 담았다.

이 대본의 특징

방정환 선생의 극본을 '탈춤극'으로 다시 쓴 건 2022년의 일이다. 한국의 탈춤이 유네스코 인류무형문화유산으로 등재된 것을 기념하여, 사람들이 연극을 만들 때 탈춤을 적극적으로 활용했으면 하는 마음에서였다.

〈노래 주머니〉는 두 명의 혹부리 영감과 도깨비들이 극의 중심을 이루는데, 도깨비를 표현하는 방법은 작품의 성격을 규정하는 중요한 장치가 된다. 그렇다면 도깨비의 모습을 어떻게 표현해야 할까? 우리는 '도깨비'라고 하면 흔히 머리에 뿔 달리고 원시인 복장을 하고서 방망이를 들고 있는 형상을 상상한다. 하지만 그것은 우리나라의 도깨비가 아니라 일본의 '오니'라는 요괴 가운데 하나다. 일제강점기 시절, 소학교(지금의 초등학교) 2학년 교과서에 실린 〈혹부리 영감〉 이야기의 삽화로 원시인 복장을 하고 머리에 뿔 달린 일본의 오니를 그려 넣었기 때문이다. 오니는 일본의 유황 냄새가 나는 화산지역에서 사는 요괴들인데 우리의 도깨비와는 물론 일본의 일반적인 도깨비하고도 다르다.

그렇다면 우리 도깨비는 어떤 모습을 하고 있을까? 안타깝게도 구체적인 모습은 알려지지 않았다. 많은 이야기 속에 나오는 도깨비들을 상상해 보면 몸에 털이 많을 것으로 생각되지만, 아주 귀엽고 개구쟁이 같은 외양을 가진 도깨비도 있으니 도깨비 모습을 하나로 규정하기란 쉽지 않다.

구체적인 형태가 없는데 옛사람들은 어떻게 그 존재감을 느낄 수 있었을까? 천주교 성전인 성당에 가면 커다란 십자가에 못 박혀 있는 예수상을 볼 수 있다. 개신교 성전인 교회에 들어가면 예수상은 없고 십자가만이 있다. 그러면 무슬림 성전에는 무엇이 있을까? 비어 있다. 형상은 없지만 무슬림 신자들은 누구나 그곳에서 신의 모습을 상상한다.

과거 우리 조상들은 도깨비를 구체적인 모습으로 그리지는 않았지만 분명히 그 존재를 인식하고 있었다. 기와에 새겨진 귀면(鬼面)을 도깨비라고 하는 사람들도 있는데, 이는 나쁜 귀신을 물리치는 벽사의 의미를 갖는 존재로 많은 도깨비 형상, 도깨비 역할 중 하나일 뿐이다.

전해 내려오는 이야기마다 도깨비를 때로는 독창적인 모습으로, 때로는 아예 형상이 없는 존재로도 그린다. 이 대본에서는 도깨비 모습을 봉산탈춤의 '목중탈'에서 발상했으면 하는 바람이 있다. 목중탈이 고구려 고분벽화 속에 그려진 도깨비 형상과 비슷하여 아주 오래된 우리 도깨비의 모습 가운데 하나일 것으로 생각해서다. 일본 도깨비 탈 가운데에도 우리 봉산탈춤의 목중탈과 비슷한 이미지를 가진 것이 있다. 거기다 이 탈은 연희를 위한 탈이기 때문에 연극적으로 활용하기에 무리가 없을 것으로 생각한다.

참고로 방정환 선생은 〈노래 주머니〉에 주석을 달면서 '도깨비 머리에 뿔을 달라'고 했는데, 당시에는 일본의 오니가 우리 도깨비로 잘못 알려지던 시기였기 때문에 이런 글을 남겼을 것으로 짐작된다.

아무나 하기 쉬운 연극 만들기

이 대본에 등장하는 도깨비는 '대장 도깨비(원작의 괴수)' 하나와 '꼬마 도깨비(깨비)' 둘이다. 그렇다고 도깨비 역할을 꼭 세 사람이 할 필요는 없다. 사정에 따라 둘이 할 수도 있고, 더 많은 사람이 역할을 나눠서 할 수도 있다. 도깨비 대사도 한 사람의 것을 여럿이 나눌 수도 있고 여럿이 동시에 합창처럼 말할 수도 있다. 무엇보다 도깨비들의 움직임, 춤이나 몸짓(동작)을 통해 각자의 개성이 보일 수 있도록 하면 좋을 것이다.

여러분이라면 도깨비를 어떻게 표현할 것인가? 작가가 제시한 모습에서 답을 찾을 수도 있지만, 이것을 단서로 삼아 각자 생각하는 대로 도깨비 모습을 만들면 좋겠다. 그러면 더 어렵게 느껴질 수도 있지만 이렇게 생각을 이어가 보자.

도깨비는 어쨌든 일상적인 모습은 아닐 것 같다. 누나가 화장을 짙게 하고 외출하려고 하면 엄마는 "도깨비 같다"고 야단을 친다.

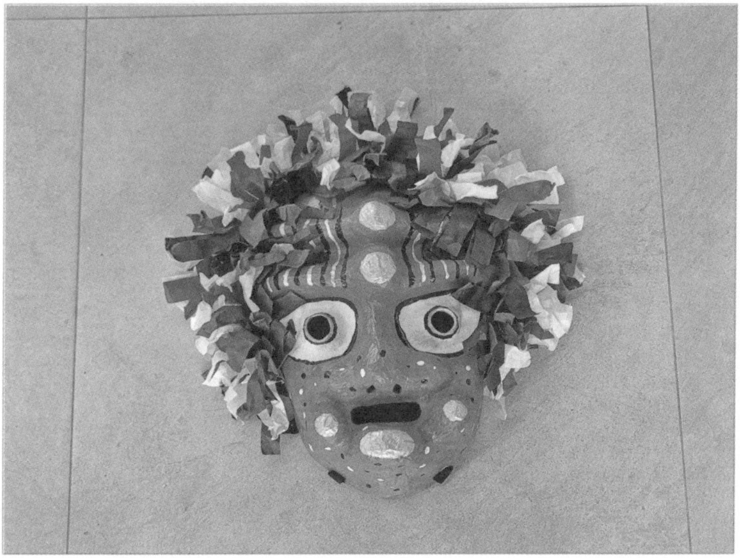

봉산 목중탈

일본 이와사키의 오니탈

치렁치렁한 치마를 걸치고 문을 나서면 역시 “도깨비같이 그 꼴이 뭐냐!”고 호통을 친다. 그리고 낯설게 꾸미거나 보통 사람들과 다른 행동을 하는 사람에게도 종종 “도깨비 같다”고 하지 않는가. 이런 상황을 근거로 요즘의 도깨비 모습을 상상할 수 있을 것이다. 도깨비를 보통 사람처럼 꾸밀 수도 있지만 그래도 일상적인 모습과는 뭔가가 다를 것 같다.

또 과거에는 몽당빗자루나 부지깽이, 깨진 바가지처럼 흔하고 보잘것없는 물건에서 도깨비가 생겨난다고 여겼다. 그렇다면 현대에는 어떤 물건이 도깨비로 나타날까? 버려진 종이, 패트병, 폐비닐 같은 것들이 아닐까. 어쩌면 현대에는 도깨비가 없어진 것이 아니라, 부지깽이 대신에 비닐봉지 같은 보잘것없다고 함부로 버리는 물건에 깃들어 있는 것은 아닐까? 우리가 관심이 없거나 상상이 부족해서 그 존재를 못 보는 것은 아닐까?

그렇다! 옛이야기 속에서도 어떤 도깨비는 사람들에게 도움을 주고, 어떤 도깨비는 해를 끼친다. 버려진 비닐, 패트병을 잘 수거하고 분리해서 재활용하면 우리의 삶이 조금은 더 나아질 것이고, 함부로 버리면 지구가 오염되어 결국 사람들에게도 해를 끼치게 될 테니까 이것들이 도깨비일 수 있다! 이렇게 생각하고 도깨비의 모습을 꾸민다면 대본에는 나타나지 않았지만 공연으로 또 다른 주제를 전할 수도 있다.

이제 연극 연습을 해 보자. 1장에서 중요한 핵심은 무엇일까?

도깨비들이 노래를 좋아하지만 잘 부르지는 못한다는 점이다. 그러다가 박 영감의 노래를 듣고, 그 노래가 영감의 혹에서 나온다고 도깨비들이 오해하는 것이다. 그런데 도깨비들이 혹을 노래 주머니로 착각하는 걸 관객들이 쉽게 납득할 수 있을까? 그래서 새벽닭이 울고 도깨비들이 빨리 사라져야 하는 '급박한 상황'을 장치로 마련한 것이다.

또 박 영감이 정직한 사람임을 어떻게 관객에게 전해야 할까? 도깨비들이 노래 주머니로 착각해서 혹을 떼어 가려고 해도 박 영감은 "이것은 혹이지 노래 주머니가 아니다"라고 분명하게 말하는 장면을 통해 잘 전달된다. 헤어지기 전, 도깨비들이 박 영감의 혹을 노래 주머니로 착각할 때는 닭 우는 소리 때문에 시간에 쫓기고 있는 모습을 분명하게 보여야 한다. 도깨비들은 동이 트면 물건의 모습으로 돌아가야 하니 말이다. 이때는 정확하게 대사로 드러내기보다는 급한 상황을 보여 주는 것이 더 중요할 수 있다. 따라서 배우가 말을 조금 더듬거나 대사가 엉켜도 상관없다.

2장은 김 영감이 얼마나 나쁜 인물인지를 보여 주는 것과 박 영감 얼굴에서 혹이 없어진 것을 확인하는 장면이 핵심이다. 앞에서도 말했지만 연극에서는 행동을 통해 인물의 성격이 드러나야 한다. 박 영감 얼굴에서 혹이 없어진 것도 1장에서 스스로 확인하는 것보다, 2장에서 다른 사람을 통해 알게 되는 것이 박 영감의 성품을 드러내는 중요한 단서가 된다.

3장과 4장 앞부분은 1장보다는 우울하게 시작해야 한다. 특히 4장의 시작은 침울해도 된다.

먼저 3장에서 도깨비들이 김 영감에게 혹을 하나 더 붙이는 장면은 되도록 간결하게 처리하는 것이 좋다. 극이 진행되면서 관객들은 이미 이야기의 결말을 알고 있다. 결말을 바꾸는 것이 아니라면 충분히 예상되는 부분은 되도록 간결하게 처리하도록 하자.

대신 4장 마지막 부분에서는 관객들과 함께 흥겨운 노래를 부르고 춤을 추면서 대동놀이를 할 수 있으면 좋겠다는 마음으로 이야기를 마무리했다. 그래서 4장 시작 부분에서 침울한 느낌을 준 다음 점차 밝은 분위기로 전환해 나가자는 것이다.

문제는 관객들과 함께 부를 수 있는 노래를 어떻게 선곡하느냐에 있다. 마지막에 다 함께 부르는 노래를 관객이 모르면 배우들의 노래자랑이 된다. 따라 부르지는 못하더라도 그 분위기를 함께할 수 있어야 한다. 앞부분에서 사용한 노래를 반복해서 부르거나 거의 비슷한 느낌으로 부르는 것도 방법이다. 구호를 외치면서 관객들과 함께하는 방법을 찾을 수도 있다. 하지만 누구나 쉽게 생각할 수 있는 방법이 아닌 자신만의, 그 집단만의 방법을 찾았으면 좋겠다. 이런 고민이 작품을 보다 독창적으로 만들어 주기 때문이다.

이렇게 큰 줄기를 잡고 공연 시간(러닝타임)을 정하면 대본에서 뺄 부분, 더할 부분이 생긴다. 그럼 그렇게 하면 된다! 공연 시간이 정해지면 어떤 장면을 선택해서 어떤 방법으로 무대에 올려야 할지 결정하기가 좋다.

탈춤극 〈노래 주머니〉

송인현 지음

등장인물

박 영감

김 영감

도깨비

깨비 1

깨비 2

순남

돌쇠

1장

중앙에 커다란 나무.

나무에는 몽당빗자루와 부지깽이가 붙어 있고

구멍 난 소쿠리 속엔 종이(소원지)도 있는데

설치미술처럼 조형미가 살아 있다.

무대가 어두워지면서

숲속. 밤의 소리.

불빛이 춤을 춘다.

달빛이 밝아지면 도깨비들이 나타난다.

한 도깨비가 나타났다 사라지면

다른 도깨비가 나타났다 사라지고,

또 다른 도깨비가 나타났다 사라진다.

나오는 도깨비마다 특징적인 얼굴과 몸짓,

우습고 재미있는 동작을 하지만

때로는 무섭거나

슬픈(무서움까지도 하나의 정서로 느끼게 함) 표정을 한 도깨비도 있다.

한 도깨비가 나무를 두드리면

다른 도깨비가 나타나서 열매를 두드린다.

차츰 도깨비들이 모여들면서 소리가 더해진다.

그 소리들이 하나의 리듬(장단)을 만든다.

장단이 익숙해지면, 이번엔 움직임.

작은 움직임이 차츰 커지면서 춤이 된다.

아니, 춤이라기보단 몸짓이다.

이렇게 도깨비들이 장단을 만들고 춤을 춘다.

그리고 노래를 부른다.

깨비들: (노래) 또르락 딱, 또르락 딱, 똑딱똑딱, 또르락 딱.
산에 사는 산도깨비, 물에 사는 물도깨비.
푸르팅팅 청도깨비, 등불 든 불도깨비.
키도 크다 키도깨비, 털이 북슬 털도깨비.
도깨비 도깨비 모두가 도깨비, 우리는 도깨비.
또르락 딱, 또르락 딱, 똑딱똑딱, 또르락 딱.

도깨비가 시끄럽다는 듯.

도깨비: 야, 어떻게 매일 똑같은 노래만 부르냐? 다른 노래 좀 없냐?

깨비 1: 아는 노래가 이것밖에 없는데 어떻게 해.
또르락 딱, 또르락 딱, 똑딱똑딱, 또르락 딱.

도깨비: 그만! 더는 못 듣겠다!

도깨비가 들어간다.

깨비들은 그래도 계속 노래를 부른다.

하지만 이내 심심해진다.

다른 놀이도 해 본다.

그래도 심심하다.

이때, 멀리서 들려오는 노랫소리.

박 영감: (노래) 개나리 진달래 만발해도 매란국죽은 못 당하지.
사군자 절개를 몰라 주니 이보다 큰 설움 또 있을까.
니나노 닐리리야 닐리리야 니나노….

도깨비들이 당황해서 이리저리 뛰다가 얼른 몸을 숨긴다.

혹부리 박 영감이 나온다.

박 영감: 어제는 청춘, 오늘 백발
가는 세월을 어쩔거나.
니나노 닐리리야….

도깨비들이 흥에 겨워 춤을 춘다.

박 영감은 도깨비들을 보고 깜짝 놀란다.

깨비 1: 아냐, 계속 노래를 불러 줘.

도깨비: 춤도 추고.

깨비 1: 너무 심심해서.

깨비 2: 어색하면 내가 먼저 불러 볼까?

또르락 딱, 또르락 딱, 똑딱똑딱, 또르락 딱.

도깨비: (막으며) 우린 아는 노래가 이것밖에 없어서. 다른 노래를 듣고 싶어.

어제는 청춘, 오늘은 뭐라고 했지?

박 영감: 백발.

깨비 1: 백발? 백발백중?

박 영감: 머리가 하얗게 되었다는 말. 그러니까 나이가 많다는 소리지. 나이가 들면 머리가 하얗게 되니까.

그런데 잘 알지도 못하는 노랠 왜 자꾸 부르라는 거야?

깨비 1: 우린 노랠 부르고 싶은데, 잘 못 해. 듣는 건 얼마든지 할 수 있지.

깨비 2: 어서 불러 봐.

도깨비: 다른 노래도 좋고.

박 영감: 그게….

도깨비: 왜?

박 영감: 갑자기 기분이 좀 이상해서. 이 깊은 산속에 어떻게 사람들이….

깨비 1: 우린 여기 살아.

박 영감: 뭐라고?

깨비 2: 여기저기. 저기, 여기.

박 영감: 아, 조 아래 허름한 집, 거기도?

깨비 1: 거기서도 살지.

박 영감: 거긴 사람 산 흔적이 없던데. 방금 거기 있다가 도깨비라도 나오면 어쩌나 해서, 무서워서 이리 오던 길이야.

깨비 1: 무서운데 노랠 불러?

박 영감: 그럼. 무서울 때 노랠 부르면 무서움이 달아나거든.

깨비 2: 그래?

도깨비: 아, 노래는 무서울 때 부르는 거로구나. 우린 무섭지도 않은데 노래를 부르니 아는 노래가 하나밖에 없는 거야.

박 영감: 어디 무서울 때만 노랠 부르나. 슬플 때도 부르고 기쁠 때도 부르고 일할 때도 부르고, 또 쉴 때도– 심심할 때도 부르지.

깨비 1: 하루 종일 노랠 부르겠네?

도깨비: 그럼 노랠 잘 부르겠다!

박 영감: 잘 부르진 못해도, 즐겨 부르지. 일할 때도, 쉴 때도.

도깨비: 그런데 영감은 이 한밤중에 어떻게 이렇게 깊은 산속까지 오셨나?

박 영감: 나무하다가 깜빡 잠이 들었는데, 깨어 보니 한밤중이더라고.

도깨비: 나무를 한다고? 함부로 나무를 베고 가지를 잘라 놓고?

박 영감: 아냐. 나무를 한다는 건, 나무를 함부로 베는 게 아니라

촘촘한 덴 솎아 내고, 엉켜 있는 나무들은 햇빛을 잘 볼 수 있게 가지를 쳐 주고. 그래야 아름드리나무가 자라거든.

깨비 1: 그런데 어떤 사람들은 함부로 나무를 베고 불도 지르던데.

박 영감: 그런 사람이 있어 걱정이다.

하지만 난 아냐. 아래 허름한 집 앞에 내가 해 놓은 나무들이 있거든. 한번 봐.

도깨비들이 박 영감을 자세히 살핀다.

깨비 2: 맞다. 내가 지난번 가시덤불에 엉켜 있을 때, 날 구해 준 바로 그 영감이야. 그 착한 영감!

도깨비: 그래? (자세히 살피고) 오, 칡넝쿨에 엉켜 있던 날 구해 준 영감이네!

깨비 2: 맞아. 그 착한 영감이야.

박 영감: 착하긴 뭐가 착해. 아냐.

깨비 1: 아니긴. 다른 영감은 아름드리나무들만 골라서 베던데. 그게 돈이 된다나 뭐가 된다나. 한데 영감은 가지만 치더라고.

박 영감: 그걸 니들이 어떻게 알지?

깨비 2: 다 드러나는 거야.

그런데 영감은 왜 아름드리나무는 안 베고 가지들만 쳐?

박 영감: 그건, 자연과 어우러져 살아야 하니까.

도깨비: 어우러진다?

깨비 1: 어우러진다! 그거참 좋은 말이다. 이런 착한 사람한텐 선물을 주고 싶어.

깨비 2: 그래, 선물! (객석에서 관객의 물건을 가져와 박 영감에게 건넨다.)

박 영감: 안 돼. 산속에 있는 물건들도 다 임자가 있는 거야.

(돌려준다.)

도깨비: 그럼 노래 좀 불러 줘.

박 영감: 노래?

도깨비: 아까 노랫소리, 정말 좋더라고. 자, 어서!

박 영감: 장단이 있으면 좋겠는데….

깨비 1: 장단?

도깨비: 그게 뭔데?

박 영감: 장단이 뭔지 모른단 말이야? 노래를 부르려면 박자를 맞춰야지.

도깨비: 박자?

깨비 2: 아, 이런 거?

또르락 딱, 또르락 딱, 똑딱똑딱.

박 영감: 그래, 뭐 그런 거.

도깨비: 그런데 우리가 아는 건 이것밖에 없어.

또르락 딱, 또르락 딱.

어떤 노래를 부르든지 우린 그저 '또르락 딱, 또르락 딱'밖에 몰라.

박 영감: 그럼 내가 알려 줄 테니 따라 해 봐.

깨비 1: 알려만 준다면!

박 영감: (굿거리장단) 얼씨구 좋다, 절씨구 좋다.

도깨비: 얼씨구 좋다, 절씨구 좋다.

깨비들: 얼씨구 조오타, 절씨구 조오타.

도깨비들이 차츰 장단을 치면서 춤까지 춘다.

관객도 따라 할 수 있게 한다.

박 영감: 에, 에라 만수 에라 대신이야.

낙양성 십리허에~~~~

한참 흥이 오른다.

박 영감이 노래를 하려는데-

닭 소리. "꼬끼오!"

깨비 1: 아, 벌써 닭이 우네.

도깨비: 오늘은 왜 이렇게 밤이 짧지?

깨비 2: 그래, 재미있을 땐 시간이 빨리 가고, 재미없을 땐 느릿느릿 천천히 가.

박 영감: 그래. 젊어선 시간이 느릿느릿 더디 가지만, 나이가 들면 쏜살같이 달려가지.

닭 소리, 더 크게 들린다.

깨비 1: 어이쿠, 빨리 돌아가야 돼.
도깨비: 또 똑같은 노래만 듣겠구나!

도깨비들, 나가려다가 박 영감을 보고 돌아서며.

깨비 2: 가만. 저 사람, 얼굴에 커다란 주머니가 달렸네. 혹시 저기서 노래가 나오는 건 아닐까?
도깨비: 그래, 다른 사람한테 없는 커다란 주머니! 저게 노래 주머니일 거야. 그렇지 않고야 어떻게 하루 종일 노래를 부르겠어? 노래 주머니가 틀림없어.
깨비 1: 맞아!
도깨비: (박 영감에게 다가가서) 그 노래 주머니 좀 빌려줄 수 없나?
박 영감: 노래 주머니?
도깨비: 얼굴에 달린 주머니 말이야.
박 영감: 이거? 이건 노래 주머니가 아니라 그냥 혹이야, 혹.
도깨비: 혹?

깨비 2: 혹?

박 영감: 그래, 혹.

깨비 2: (도깨비들끼리) 혹시 안 빌려주려고 저러는 거 아냐?

깨비 1: 귀한 거니까.

도깨비: (박 영감에게) 그럼 우리 방망이하고 바꾸자! 이건 두드리면 뭐든지 나오는 신기한 방망이야.

박 영감: 그럼 너희들이 도, 도깨비?

도깨비: 그래.

박 영감: 도깨비가 어떻게 이렇게 생겼지?

도깨비: 지금 설명할 시간 없어.

자, 도깨비방망이! 하지만 아무 때나 두드리면 사람들 사는 세상에 혼란을 줄 수 있어. 난리가 난다. 꼭 써야 할 때만 써야 돼.

박 영감: 이건 노래 주머니가 아니라니까. 노래가 목구멍에서 나오지 어떻게 혹에서 나오냐?

도깨비: 바꿀 거야, 안 바꿀 거야?

박 영감: 뗄 수만 있다면 그냥이라도 떼어 주마.

깨비들: 정말이지?

도깨비들과 박 영감이 한데 엉킨다.

닭 소리, 더 가깝다.

2장

낮.

나무는 덜미대(인형극 틀)가 된다.

김 영감이 나온다.

노　래: 떼에루 떼에루, 띠어라 따아.
　　　　떼에루 떼에루, 떼루우 야하.

김 영감: 내가 누구냐 하면 김부자, 어디 사느냐 하면 저 위 기와집!
　　　　이 동네에선 이 김부자네 집 말고는 기와집이 없다!
　　　　그래서 사람들은 나더러 김부자, 김부자 하는데-
　　　　내가 어떻게 해서 부자가 됐느냐 하면, 그건 비밀!
　　　　그걸 알려 주면 안 되지.
　　　　그런데 저 녀석들은 뭘 저렇게 좋아하지?
　　　　얘들아, 얘들아!

어린이들이 들어온다.

순　남: 부르셨어요? 혹부리, 아니 김부자 님!

김 영감: 뭘 그렇게 좋아하냐?

돌　쇠: 물고기를 잡았어요.

순　남: 메기요. 팔뚝만 해요. 얼마나 큰지 뱀장어인 줄 알았다니까요.

김 영감: 그래? 어디 한번 보자!

순　남: (건네주며) 보세요, 정말 크죠?

김 영감: 가만있자. 이건?

이거, 이거. 이건 내가 저 위에 구덩이를 파고 넣어 두었던 메기로구나.

순　남: 네?

김 영감: 여기 이 수염을 보면 다 알 수 있다.

돌　쇠: 메긴 다 수염이 있죠.

김 영감: 아냐, 내가 웅덩이에 놓아두었던 메기가 틀림없다. 이놈이 아래로 내려온 걸 니들이 잡았구나. 떽! 남의 물건에 함부로 손을 대면 못써.

돌　쇠: 이건 우리가 잡은 거예요. 같이 힘을 합해서. 개울에 있는 물고기한테 임자가 어디 있어요?

김 영감: 어디 있긴. 여기 있다, 이놈들아! 내가 저 위에 웅덩이에 놔둔 메기를 잡다니! 이건 내 메기니까 내가 가져간다.

돌　쇠: 그런 게 어디 있어요.

김 영감: 이 녀석들이!

어린이들이 울고 있는데

박 영감이 들어온다.

박 영감: 아이고, 왜 그러시나?

김 영감: 이 녀석들 혼 좀 나야겠어. 내가 저 위에 구덩이를 파고 메기를 놔뒀는데, 그놈이 아래로 내려왔거든. 그런데 이놈들이 그 메기를 잡고서 지들 거라고 우기니!

돌 쇠: 박 영감님이 한번 판단해 주세요. 이 메기 임자가 누군지.

김 영감: 누구긴 손에 들고 있는 사람이 임자지.

순 남: 그래요, 혹부리 할아버지가 판단해 주시면….
어? 까악!

박 영감: 왜 그러냐?

순 남: 저, 저….

김 영감: 자네 이야기를 들어는 보겠지만, 들으나 마나 뻔하잖나. 우리 혹부리들끼리…, 엥?

박 영감: 왜들 그러냐고?

순 남: 혹, 혹이 없어졌어요!

박 영감: 혹이 없어지다니?

김 영감: 자네 박 영감 맞나?

박 영감: 내가 박 영감이 아니면 왕 영감이겠나? 왜 그래, 김 영감?

김 영감: 호, 혹! 그 혹이, 혹이 어디 갔나?

박 영감: 혹이 어디 가긴. 혹은 내 얼굴에…. 가만! 정말 혹이 없어 진 거야?

돌 쇠: 영감님 얼굴에 혹이 없어요.

박 영감: 그럼, 그게 정말이었구나! 꿈이 아니었어!

김 영감: 어떻게 된 건가?

박 영감: 그럼 그게….

김 영감: 그게 뭐가 어떻게 됐다는 거야?

박 영감: 사실 어제 저 산꼭대기 커다란 고목 아래서 도깨비들을 만났는데….

돌 쇠: 도깨비요?

리듬이 어지럽다.

어지러운 소리 속에서-

소 리: 노래, 방망이, 도깨비, 돈, 뭐라고? 안 나와, 메기 내놔, 내 거야!

어지러운 불빛과 소리.

어린이들이 메기를 들고 있는 모습이 스친다.

3장

밤, 숲의 소리-

도깨비들이 시무룩하다.

노래 주머니, 아니 혹을 이리저리 만져도 보고 던져도 본다.

귀에 대고 소리를 들어 보려고도 한다.

깨비 1: 가만! 무슨 소리가 들리는 것 같아.

도깨비: 어디? (빼앗아 들어 보며) 아무 소리도 안 들리는데. 이걸 목에다 대면 소리가 날까? (혹을 목에 대고 노래를 부른다) 칵, 칵! 소리가 더 안 나와! 잠시-

깨비 2: 또르락 딱, 또르락 딱!

도깨비: 제발!

더는 못 듣겠어. 그 영감 덕에 좋은 노랠 듣고 났더니 시시한 노랜 더 이상 못 듣겠단 말이야.

아, 노래 없는 세상을 산다는 건 얼마나 힘든 일인가!

깨비 1: 그럼 어떻게 해. 아는 노래가 이것밖에 없는데.

또르락 딱, 또르락 딱, 똑딱똑딱, 또르락 딱!

도깨비가 실망해서 들어가고

깨비들도 힘없이 노래를 부르다가 들어간다.

잠시, 아무 소리도 들리지 않는다.

멀리서 부엉이 소리-

이때, 김 영감이 들어온다.

김 영감: 분명히 이 근처라고 했는데. 이 나무, 이 근처!
도깨비야, 도깨비야!

이리저리 살피다가 뒤로 들어간다.

반대편에서 도깨비들이 나온다.

도깨비: 분명 우릴 불렀지?
"도깨비야, 도깨비야!" 하는 소리!

깨비 1: 그 영감이 온 걸까?

도깨비: 찾아보자!

도깨비들이 찾는다.

김 영감도 찾는다.

서로 엇갈리다가-

도깨비: 아니!

김 영감: 아니! 혹시, 도깨비?

깨비 1: 그래, 우리가 도깨비다!

김 영감: 아, 드디어 만났구나. 박 영감한테 들었다. 노래 주머니하고 도깨비방망이를 바꿔 준다고.

(자기 혹을 가리키며) 내 노래 주머니엔 박 영감의 것보다 훨씬 많은 노래가 들었으니 더 큰 방망이를 줘야 한다.

도깨비: 더 큰 방망이?

김 영감: 그래!

깨비 2: 그게 노래 주머니라고?

김 영감: 그럼. 내 노래 주머니에선 최신곡까지 술술 나오지.

도깨비: 그럼 이 노래 주머니도 가져가라!

김 영감: 뭐라고?

모두 엉킨다.

어지러운 불빛과 소리.

어둠 속에서-

김 영감: (소리) 아쿠, 혹 떼러 왔다가 혹 하나 더 붙였네!

4장(에필로그)

달빛. 숲의 소리.

도깨비들이 나온다.

시무룩하다.

깨비 1: (한숨을 쉬며) 큰일이다, 큰일!

깨비 2: 큰일이다, 큰일이야!

도깨비: 큰일이라니, 뭐가 큰일이냐?

깨비 1: 박 영감은 일할 때도 노래 부르고,
쉴 때도 노래 부르고,
기쁠 때도 노래 부르고,
슬플 때도 노래 부른다고 했는데,
우린 전혀 노래를 부를 수 없으니!

도깨비: 그래, 큰일은 큰일이다. 아, 노래를 들을 수만 있다면….

도깨비들, 이리저리 움직인다.

깨비 2: (갑자기) 아니, 저기 저 사람은?

도깨비: 그 박 영감?

깨비 1: 어쩐 일이지? 올 수 없다고 했는데, 어떻게 여길 왔지?

도깨비: 쉿!

일단 뒤로 숨는다.

박 영감이 들어온다.

박 영감: 분명 이 근처인데. 도깨비들아, 도깨비들아!

도깨비: 왜?

깨비 1: 노랠 들려주려고? 어서 노래를 불러 봐.

박 영감: 그게 아니라….

깨비 1: 아니라면?

박 영감: 이 도깨비방망이를 돌려주려고.

도깨비: 뭐? 방망이를 돌려준다고?

깨비 2: 왜? 금이 필요하면 "금 나와라 뚝딱", 은이 필요하면 "은 나와라 뚝딱". 뭐든지 만들어 줄 텐데.

박 영감: 이게, 생각해 보니까 너희들이 내 혹을 노래 주머니로 잘못 알고 준 거잖아. 속인 건 아니지만, 마음이 편치 않아.

깨비 1: 우리가 덤벙대느라고 그랬지, 뭐.

박 영감: 또 이게 보통 부담스러운 게 아니더라고.
"금 나와라" 하면 금이 나오고, "은 나와라" 하면 은이 나오니… 일을 하기 싫어지더란 말이다.
잘못 쓰면 세상이 망가진다고 했는데, 세상이 아니라 내가 먼저 망가지겠더구나.

도깨비: 영감이 망가지겠더라고?

박 영감: 일은 하기 싫어지고, 욕심은 더해지고. 더 있다간 나만 망가지는 게 아니라 정말 세상이 망가질 것 같아.

도깨비: 그래, 이 방망이 때문이야!

깨비 1: 방망이 때문이라니?

도깨비: 이 방망이가 있어서- 사람들은 우리 도깨비를 만나려고 하지 않고 도깨비방망이만 찾으려고 하지. 그래서 사람들은 도깨비를 모르게 됐어! 그저 도깨비방망이만 얻으려고 하니까.

이 방망이를 던져 버리자!

깨비들: 안 돼!

도깨비: (밀치며) 버리자고!

도깨비방망이를 던진다.

깨비 1: 엥? 아무 일도 안 일어나네?

깨비 2: 그러게.

박 영감: 왜?

깨비 1: 저런 신비한 물건이 없어지면 '꽈광!' 하고 천지가 진동하고 폭풍이 치고, 뭐 그래야 하는 거 아냐?

어떻게 아무 일도 안 일어나지?

박 영감: 나도 부모님 돌아가셨을 때 세상이 무너지는 것 같았는데, 아무 일도 안 생기더라고.

깨비 1: 아, 속상해! 슬프다!

도깨비: 슬퍼? 그럼 노래를 불러야 하는 거 아냐?

깨비 2: 그래, 슬플 땐 노래를 부르라고 했잖아.

깨비 1: 아는 노래가 하나밖에 없는데, 그 노랠 슬플 때 부르자고?

박 영감: 하나라도 있다면, 그 하나를 잘 활용해 보는 거야. 안 하는 것보다야 낫겠지.

깨비 1: 그럼 영감이 좀 도와줘야 돼!

박 영감: 같이 해 보자!

도깨비: 좋았어!

도깨비들: (노래) 또르락 딱, 또르락 딱, 똑딱똑딱, 또르락 딱.
산에 사는 산도깨비, 물에 사는 물도깨비.
푸르딩딩 청도깨비, 등불 든 불도깨비.
키도 크다 키도깨비, 털이 북슬 털도깨비.
도깨비 도깨비 모두가 도깨비, 우리는 도깨비.
또르락 딱, 또르락 딱, 똑딱똑딱, 또르락 딱.

박 영감: (노래) 얼씨구절씨구 지화자 좋네.
어찌 아니 좋을쏘냐.
도깨비방망이 돌려주고

나의 본성을 찾았구나.
일은 않고 일확천금
횡재수만 바랐는데
도깨비방망이 돌려주고
내 마음이 편해졌네.
얼씨구절씨구.

깨비들: (노래) 도깨비방망이 버렸다고
도깨비 아닌 게 아니라오.
도깨비는 도깨비.
도깨비 참모습 바로 보소.

도깨비: (노래) 도깨비방망이 버렸으니
도깨비 본모습 바로 보소.
일확천금 노리지 말고
횡재수만 바라지 말고
수인사 연후에 대천명
할 일을 하면서 살아 보세.
얼씨구~

장단이 빨라지면서 다 같이 춤을 춘다.

(끝)

© 극단민들레

〈노래 주머니〉 실제 공연 사진. 탈춤극 〈노래 주머니〉는 1923년 《어린이》 잡지 창간호(3월호, 4월호)에 실린 방정환 선생의 동명 작품에서 영감을 얻어 탄생했다. 방정환 선생의 원작은 지금까지 완성본으로 발견된 우리나라 최초의 어린이극 대본이므로 이 작품이 자주 공연되면서 우리나라 어린이 연극의 역사를 알릴 수 있었으면 했고, 다양한 방법으로 더 많은 어린이극이 만들어졌으면 했다.

2.
재담극
〈돈도깨비〉

옛이야기를 '말맛'을 살려 재현하다

작품 의도

우리말의 바탕(표준)이 되는 것은 무엇일까? 굳이 그런 기준이 필요한 것일까? 표준말 사용을 권장하면서 오히려 아름다운 말의 확산을 가로막았다. 또 사투리는 어쩐지 신분이 낮은 사람들이나 폭력배들이 쓰는 말처럼 여겨지게 되었다. 말로 신분을 규정하는 것은 참으로 어리석은 일이며 결코 그렇게 해선 안 되는 일이었다.

그렇다면 아무렇게나 말해도 된다는 뜻인가? 보다 원활한 소통을 위해, 보다 품격 있는 말을 쓰기 위해 사회는 어떤 기준을 갖고 싶어 한다. 그래서 누가 그렇게 하자고 정하지도 않았는데 우리는 자연스럽게 아나운서의 말을 현대 언어의 기준으로 삼고 있다. 안타깝게도 아나운서의 말은 정보를 전달하기에는 좋은 언어이지만 인간의 다양한 감정까지 전하기는 힘들다. 이런 말은 앞으로 AI가 대체할 수도 있다. 생각은 물론 감정까지 전할 수 있는 것은 바로 배우들의 말이다. 그래서 나는 배우의 말을 우리말의 기준으로 삼아야 한다고 생각한다.

일제강점기 시절, 일본은 우리말과 우리 글을 없애려고 얼마나 많은 악행을 저질렀던가! 그렇지만 많은 사람들이 우리말과 우리 글을 지키고 더 아름답게 쓰려고 노력했다. 그래서 일제강점기 시절에 쓰인 시나 소설, 동요가 지금까지도 생명력을 갖고 전해 내려오는 것이다. 그런데 말의 전통은 잘 남아 있지 않다. 매스미디어의 발달은 오히려 우리말을 획일화하고 문자화하여 일상에서조차 '글말'을 쓰게 했다.

방정환 선생이 '구연(口演)'을 통해 말맛을 살리려고 했던 것은 우리말을 지키기 위한 적극적인 행동이었다. 조선 사람들이 아름다운 말, 재미있는 말, 맛깔스러운 말을 사용하면 일본이 우리말을 아무리 없애려 해도 없앨 수 없다고 생각했기 때문일 것이다.

그런데 지금은 우리 스스로가 우리말을 오염시키고 있다. 이를 바로 잡기 위한 교육이 이뤄지고 있지만 현재의 말하기 및 듣기 교육 방법으로 그 효과를 얻을 수 있을지는 의문이다. 말은 답안지에 정답을 적었다고 실천되는 것이 아니라 바르게, 자주 사용해야 하는 것이기 때문이다.

사람들이 어떻게 하면 바르고 좋은 말을 자주 사용할 수 있게 될까? 재미가 있어야 한다. 맛이 있어야 한다. 닮고 싶은 말이 있어야 한다. 그렇다면 현대 일상언어로도, 사투리를 사용하지 않고도 '맛있는 말'을 할 수는 없을까? 이 점에 중점을 두고 〈돈도깨비〉 대본을 썼다.

이 대본에는 사람들이 잘 모르는 도깨비 이야기를 가져와 담았다. '사람이 돈을 모으기만 하고 쓰지 않으면 그 돈이 귀신이나 도깨비가 된다'는 옛이야기가 있다. 이는 돈을 함부로 쓰고 낭비하라는 소리가 아니라 너무 인색하면 안 된다는 교훈일 것이다. 그런데 요즘의 경제 교육은 돈을 모으는 것에만 치중하고 있지는 않나, 하는 우려 때문에 이 이야기를 쓰게 된 것이다.

처음에 이 대본을 쓸 때는 여러 사람이 등장하는 일반적인 희곡 구조를 갖추고 있었으나, 방정환 선생의 구연을 공부하면서 말맛을 살리기 위해 혼자 하는 극본으로 바꾸었다. 방정환 선생의 구연 정신을 살리기 위해서는 말에 더욱 중심을 두어야 한다. 그런데 안타깝게도 방정환 선생의 구연을 이야기하면서도 말이 아닌 글 읽기만을 강조하는 사람들이 있다. 구연은 말로 하는 연기이므로 보다 자연스러운 우리말을 사용했으면 한다.

작품 주제

앞에서 밝혔듯이 이 이야기는 '돈을 모으는 것도 중요하지만 잘 쓰는 것이 더 중요하다'는 교훈을 담고 있다. 이야기 마지막에는 그 돈을 이웃과 잘 나누었다는 에피소드를 더해 '나눔'의 가치를 전하고 싶었다.

하지만 연극의 주제는 이야기에만 담겨 있는 것이 아니다. 방정환 선생이 직접 구연하는 모습을 상상해 보게 하고, 무엇보다 요즘 쓰는 말인 현대어로도 재미있는 우리말을 들려주고 싶었다.

낮에 나오는 낮도깨비, 밤에 나오는 밤도깨비,
산에 사는 산도깨비, 물에 사는 물도깨비,
등불 든 불도깨비, 푸르팅팅 청도깨비,
키도 크다 키도깨비, 털이 북슬 털도깨비.

이처럼 말이 운율을 가졌으면 하고 또 재미있었으면 한다. 즉, 말맛이 이 대본의 주제라고 할 수 있다.

아동 문학가이자 우리말 연구가였던 이오덕 선생은 현대인들의 말이 '글말'로 변해 가는 점을 지적하셨다. 글도 말처럼 써야 하는데, 그래서 '말글'이 되어야 하는데 요즘 사람들이 말을 글 읽듯이 하는 것을 보고 크게 안타까워하셨다. 그 뜻을 이어받아 우리말을 쉽고 바르게, 그리고 재미있게 사용했으면 하는 마음에서 대본에 말맛을 담아냈다.

이 대본의 특징

다시 말하지만 〈돈도깨비〉를 '재담극'이라고 한 것은 이 연극을 하는 배우가 말맛을 최대한으로 살렸으면 하는 의도에서다. 어떻게 해야 말이 맛있어질까? 여러 가지 방법이 있겠지만, 먼저 중심 단어를 잘 살려서 말에 리듬을 넣어야 한다. 그리고 말로 장단까지 만들 수 있으면 더욱 좋겠다.

예를 들어 "돈 돈도깨비, 돈 돈도깨비" 하면 3박 세마치장단이 되고, "돈 돈 돈도깨비, 돌고 돌고 돈도깨비" 하면 4박 자진모리장단이 된다. 또 "도~~깨비, 도~~깨비, 도깨비깨비 도~~깨비" 하면 5박짜리 엇모리장단이 된다.

이렇게 말로 장단 놀이를 하면서 우리말에서 우리의 고유한 리듬, 즉 장단이 만들어짐을 관객이 저절로 알게 된다. 그래서 '일상적인 말을 어떻게 하면 더 재미있을까'를 고민하면서 말맛을 살려 극을 구성했다.

아무나 하기 쉬운 연극 만들기

이 대본은 옛이야기 책 가운데 서정오 선생의 돈도깨비에 관한 동화에서 시작되었다. 서정오 선생의 이야기는 글로 되어 있지만 말로 바꾸기에 매우 적합하다. 이 책에 실린 대본에는 서정오 선생의 옛이야기를 바탕으로 하여 말을 그대로 사용했다. 이것은 작가의 말 습관에 의한 것이므로 그대로 따라 하는 것은 쉽지 않을 수 있다.

먼저 대본 내용을 파악하고 되도록 자기 말로 이야기해 보자. 이때 중요한 것은 글자를 외워서는 안 된다는 것이다. 내용을 파악하고 핵심적인 단어를 잘 선택한 다음, 이를 자기 말로 이야기해야 한다.

계속 강조하는 점은 '절대 대사를 외우지 말라'는 것이다. 외워서 하게 되면 말이 들리는 것이 아니라 글자가 보인다. 앵무새라면 모를까 배우가 이렇게 말해서는 안 된다. 여러 번 읽되, 상상하며 읽어야 한다. 그래서 내용을 머리에 떠올리면 그 말이 조건반사적으로 나오게 해야 한다. 절대로 머릿속에 글자가 떠올라서는 안 된다. 상황을 종합적으로 그리면서 말을 해야 한다.

혼자 하는 연극이라도 혼자 연습하는 것보단 듣는 사람이 있으면 좋다. 듣는 사람은 잘할 때는 "잘한다"고 맞장구를 치고, 이야기가 연결이 안 되면 이해가 안 된다고 말해 주면 된다. 이것이 연출의 시작이다. 연출을 '작품을 꾸미고 이끌어 갈 방법을 마련하는 것'이라고 생각할 수도 있지만, 더 중요한 것이 있다. 우리 연극계의 큰 연출가이자 나의 스승인 안민수 선생은 "네 행동을 믿을 수 없어. 그 말을 이해할 수 없어. I can't believe you"라며, 연출이 배우를 가르치는 것보다 먼저라고 하셨다. 그러면 배우가 스스로 답을 찾는다는 것이다.

도깨비 외모는 앞에서 소개한 〈노래 주머니〉 속 모습을 떠올려 표현하면 좋겠다. 자신이 생각하는 도깨비 형상을 만들어도 된다. 〈돈도깨비〉 이야기에서는 밤마다 다른 도깨비들이 나타나 매일 다른 장단 놀이를 한다. 첫째 날에 나타난 도깨비들은 "도깨비깨비, 도깨비깨비" 하고 논다. 이것은 5박을 연습하는 과정이다. 둘째 날에 나타난 도깨비들은 "도~~깨비, 도~~깨비" 하는데, 여기에 첫째 날 나타난 도깨비들이 함께 하면서 "도~~깨비, 도~~깨비, 도깨비깨비, 도~~깨비" 하여 5박짜리 엇모리장단을 완성한다.

엇모리장단은 어딘지 불안정하여 오히려 더 흥겨운 느낌을 준다. 이때 엇모리장단에 〈강원도 아리랑〉을 불렀으면 한다. 〈강원도 아리랑〉에는 "아주까리 동백아 열지 마라, 누구를 보자고 머리에 기름"이란 가사가 나온다. 무슨 뜻일까? 요즘 사람들은 이해하기 힘들겠지만 '아주까리기름'은 과거에 여인네들이 머릿기름으로 사용하던 것이다. 머릿기름 곱게 발라 예쁘게 단장하고 임을 만났는데, 임과 이별했다. 그런 후 아주까리를 보면 어떤 느낌일까? 그래서 약간은 슬픈 곡조로 아리랑을 불렀다.

참고로 이 아리랑을 북한에서는 "아주까리 동백아, 더 많이 열려라. 산골짝 큰애기 신바람 난다"고 부른다. 비록 노랫말은 다르지만 우리가 같은 노래를 부른다는 것을 이해할 수 있다.

마지막에 나타난 도깨비들은 씨름을 하기 위해서 양쪽으로 갈라져 "팍팍 밀어붙여, 팍팍 밀어붙여", "들어간다 들어간다, 들배지기 들어간다" 하고 응원한다. '들배지기'는 씨름에서 상대방을 들어 올렸다가 몸통을 돌려 넘어뜨리는 기술을 말한다. 이 말을 흥겹고 힘차게 소리 내면 저절로 자진모리장단이 된다.

자진모리장단은 4박의 경쾌한 리듬으로 응원할 때 매우 유용하다. 행진할 때는 “가자 가자 어서 가자, 어깨동무 같이 가자” 하면 한층 흥겨워질 것이다. 씨름이 아니라 줄다리기를 한다면 “영차, 영차”만 하기보다 “당겨 당겨 힘껏 당겨, 뒤로 뒤로 힘껏 당겨” 하면 더욱 재미있어질 것이다.

실제로 방정환 선생 생가터에서 2023년 5월 1일에 열린 ‘어린이 해방 100주년’ 행사 때 어린이들과 행진할 때는 “어린이가 행복해야 온 세상이 행복하다”, “노동에서 해방하라, 입시공부 노동이다”와 같은 자진모리장단의 ‘말장단’을 만들어서 외치기도 했다.

이렇게 말로 장단을 만들고 그 말장단을 구호로 사용하면 재미있는 장단 놀이가 된다.

재담극 〈돈도깨비〉

송인현 지음

등장인물

배우(한 사람의 배우가 다양한 역할을 하도록 꾸몄다.)

도깨비(장단 놀이를 한다.)

장단으로 시작.

쉬! 내가 오늘 도깨비 얘기를 하려는데,

'도깨비' 하면 뭐가 생각나죠?

뿔! 방망이? 차라리 원시인 복장이라 하지.

지금 여러분 머릿속에 떠올린 원시인 복장을 하고 방망이 들고 머리에 뿔 달린 도깨비는 우리나라 도깨비가 아니라, 저 멀리 일본 사는 오니라는 놈이렷다. 오니!

제가 여러분 생각이 틀렸다는 걸 증명해 보이겠습니다.

(잠시 생각을 하다가) 김 서방이 있었어요.

누구? 김 서방!

김 서방이 장에 가서 술을 잔뜩 먹었거든.

한 잔 먹어 두 잔 먹어 얼굴이 불그데데 해서 고개를 넘는데, 웬 털북숭이가 나타나서 씨름을 허재.

그런데 김 서방, 지난봄에 황소 한 마릴 탔거든.

왜?

그렇지! 씨름해서 장원, 1등을 했으니까.

그런데 이 털북숭이는 그것도 모르고 씨름을 하잤으니, 김 서방이 어떻게 했을까?

(씨름하는 시늉을 하며) 허리춤을 턱 잡고, 들배지기, 밧다리, 잡채기….

아무리 기술을 동원해도 털북숭이가 꿈쩍도 않는 거라.

김 서방이 지쳐 나무 밑에서 잠이 들었는데….

그런데 새벽이 되면 뭐가 내리지?

이슬! 이슬이 내리면? 아이고, 추워라~

(깬다.) 어, 그런데 밤새 씨름하던 그 털북숭이는 어디 가고 없어.

"몽당빗자루나 부지깽이가 있었더라" 하는 옛이야기가 있는데, 만약 그 털북숭이 머릿속에 뿔이 있고, 원시인 복장을 하고, 방망이를 들고서 "씨름하자!" 했다면… 김 서방이 씨름을 할 수 있었겠어요? "걸음아 날 살려라!" 하고 도망을 쳤겠죠.

의기양양하게 객석을 바라보다가-

어라, 저 뒤에 있는 사람들은 못 믿겠단 표정이네.

(다시 생각을 하는 듯하다가) 좋아요. 그럼, 박 서방이 있었어.

누구?

박 서방!

박 서방이 장에 가서 일을 열심히 했거든.

(큰 동작으로 일을 하며) 영차, 영차, 영차!

열심히 일을 해서 서 푼(이극로의 표준 음가 참조)을 벌었네.

몇 푼?

스푼? 서-푼!

한 푼, 두 푼, 서 푼.

(콧노래를 부르며) 이걸 잘 모아 뒀다가 논도 사고 밭도 사고….

어라? 갑자기 자기보다 키가 배는 되는 꺽다리가 나타나서 돈을 꿔 달라네.

몇 푼? (관객들이 '서 푼'이란 말을 하게 유도)

엥? 내가 장에서 서 푼 번 걸 어떻게 알았지?

(꺽다리를 이리저리 살핀다.) 그런데 아무리 봐도 처음 보는 놈이야.

여러분은 처음 보는 사람이 돈을 꿔 달라면 꿔 줄 수 있어요?

(관객들의 반응을 받아) 나도 안 꿔 줘. 안 꿔 주지.

그런데 박 서방은 나보다 착했던 모양이라.

처음 보는 사람이 나타나서 돈을 꿔 달라니- 이 사람, 사정이 급해도 대단히 급한 모양이라! 그래서 그냥 꿔 줬지.

그런데 이 꺽다리, 돈을 받고 그냥 쑥 사라지는 거야.

처음 보는 사람한테 돈을 꿀 때는 "내가 어디 사는 누구인데 언제까지 갚겠습니다" 하고 꿔야지, 그냥 가면?

에그, 어디 사는 누군지도 모르는데,

서 푼, 어떻게 됐어요?

어떻게 되긴! 하루 헛수고한 거지.

그런데 다음 날, 이 꺽다리가 나타나 돈을 휙 던져 놓고 가는 거라.

이봐! (찾는다. 도깨비는 이미 사라졌다.)

아니, 돈을 갚을 때는 "고맙습니다, 그동안 잘 썼습니다" 하고 갚아야지, 그냥 휙 던져 놓고 가면- 돼요, 안 돼요?

(관객들이 안 된다고 답을 하게 유도하고) 그래도 갚았으니 됐지.

그런데 다음 날도 와서 이 꺽다리가 또 돈을 휙 던져 놓고 가는 거야.

이봐, 이봐.

(급히 꺽다리를 불러 세운다.) 자네 어제 돈 갚았어. 도로 가져가.

그러자 "에이, 내가 언제 그랬슈!" 허구는 그냥 던져 놓고 가는 거라.

그다음 날도 와서 던져 놓고 가고,

그다음 날도 던져 놓고 가고.

(장단이 되게) 던져 놓고 가고, 던져 놓고 가고, 던져 놓고 가고, 던져 놓고 가고…. (점점 빨라지다가 멈춘다.)

하루 이틀도 아니고 매일 같이 찾아와서 돈을 던져 놓고 가는데, 이 꺽다리 머리 위에 뿔이 달렸다면, 박 서방이 그놈을 맨날 만날 수 있었겠어요?

대문에 말 피를 발라 놓던지, 팥죽을 잔뜩 쒀서…. (관객에게 던지려는 시늉을 하다가 멈추고)

그러니까 우리나라 도깨비는 머리에 뿔이?

관객들이 "없다"라고 답한다.

있는 놈도 있대.

왜냐하면, 우리나라 도깨비는 아주 다양한 모습으로 나타난단 말이야.

낮에 나오는 낮도깨비, 밤에 나오는 밤도깨비,

산에 사는 산도깨비, 물에 사는 물도깨비,

등불 든 불도깨비, 푸르팅팅 청도깨비,

키도 크다 키도깨비, 털이 북슬 털도깨비….

무슨 도깨비들이 있다고?

낮에 나오는 (낮도깨비), 밤에 나오는 (밤도깨비).

(이후 관객들이 배우의 리듬을 따라 하면서 답을 하게 유도)

산에 사는- (산도깨비),

물에 사는- (물도깨비),

등불 든- (불도깨비),

푸르팅팅- (청도깨비),

키도 크다- (키도깨비),

털이 북슬- (털도깨비),

술에 취한- (술도깨비).

쉿!

지금부터 얘기할 도깨비는-

돈 돈도깨비, 돈 돈도깨비, 돈 돈도깨비.

관객들이 모두 입으로 “돈 돈도깨비”를 하면

손뼉까지 치게 유도.

자연스럽게 세마치장단이 되고

여기에 맞춰 〈진도아리랑〉.

아리아리랑 쓰리쓰리랑 아라리가 났네,

아리랑 흥흥흥 아라리가 났네.

적당히 분위기가 올랐을 때

징~

(잠시 시간을 두고 호흡을 바꿔서) 옛날, 한 선비가 살고 있었습니다.

(뒤로 손짓한다.)

한 선비가 살고 있었습니다! (나오기를 기다린다.)

선비가~~~~~ (뒤로 가려다가 얼른 갓을 쓰고) 선비!

선비는 글을 열심히 익혀서 세상에 모르는 게 없었어요.

그러니까 과거 시험을 봤다 하면…

(관객의 답을 유도하고는)

장원급제는 따 놓은 당상인데…

그런데 어떻게 된 게 시험을 보려고 하면 꼭 그때마다 일이 생기는 거라.

그래서 선비가 과거 시험을 못 봤어요.

선비가 글만 읽고 과거 시험을 못 봤으니 살림살이가 어때요?

(관객들에게 “가난하다”는 답이 나오게 유도)

(야단치듯) 가난하면 좀 어때?

선비는 비록 가난했지만 공부 잘한다고 소문이 났겠다, 또 저처럼 잘생겼던 모양이라.

그래서 장가를 들어 애를 낳고 사는데-

(관객을 가리키며) 몇 살? ○살 된 딸이 있고,

(다른 관객을 가리키며) 몇 살? ○살 된 아들도 있고,

그런데 큰아이가 ○살이 되도록 아직 과거를 못 봤어요.

아니, 아이가 ○살이 되도록 과거 시험을 못 봤으니 살림살이가?

(다시 관객들에게 “가난하다”는 답이 나오게 유도)

가난한 건 ○년 전에도 가난했고. 이렇게 내리 쭉 가난하면 어떻게 가난하다고 하지?

(“찢어지게 가난하다”는 답을 유도)

어디가?

장면을 마무리하고.

하루는 선비가 길을 가는데…

저기 사람들이 바글바글하네.

뭐지? (사람들을 헤치고 방을 본다.)

어이쿠, 방이 붙어 있네.

(다시 사람들을 헤치고 방을 보며) '올해는 삼 년마다 한 번씩 열리는 큰 시험이 있으니, 글깨나 하는 선비는 한양으로 와서 시험을 보아라!'

몇 년마다 보는 시험?

여러분, 〈춘향전〉 알죠?

이 도령이 과거 시험 한 번 보고 큰 벼슬을 했잖아. 이런 걸 뭐라고 하죠? 대과!

그럼 지방에서 간단하게 보는 과거 시험은? 소과!

아이고, 지금 내가 여기서 시험문제 낼 때가 아니지.

이제 선비가 어떻게 해야 할까요?

갓끈을 단단히 고쳐 매고 한양으로 갑니다!

(자신만만하고 흥겨운 걸음걸이) 얼씨구 좋다, 절씨구 좋다!

굿거리장단에 맞춰 춤추듯 걷는다.

갑자기 주변이 어두워지고 부엉이 소리-

반나절도 못 됐는데, 갑자기 주변이 깜깜해지는 거라.

어디 주막이라도 있어야 하룻밤 묵어갈 텐데.

(갑자기) 윽!

(엉덩이를 움켜쥔다.) 내가 아침에 뭘 먹었지?

(주변을 둘러본다.) 점잖은 선비가 아무 데서나 일을 볼 수 있나.

마땅한 곳을 찾으려고 눈을 이리조리 돌리는데….

아이고 급하다, 급해!

(바지춤을 잡고 급히 걷는다. 도저히 못 참겠다는 표정을 짓고는 바지를 내리고 급히 일을 본다.)

징~

일을 보고 바지를 추스르는데…

어라, 남의 집 대문 앞에다 일을 봤네.

이를 어쩌지?

대문으로 가다가 갓을 떨어뜨린다.

갓을 잡으려는데, 갓이 날아간다.

여러분, 요즘은 모자를 쓰지 않고 외출해도 되죠? 물론 햇볕이 뜨겁거나 비가 오면 모자를 쓰기도 하죠. 그래요, 머리를 안 감았을 때도.

하지만 과거엔 선비가 길을 나서려면 '의관을 갖춰야 한다'고 했어요.

뭘 갖춰?

의관!

그런데 한양에 과거 보러 가는 선비가 갓 없이 갈 수 있겠어요?

(갓을 가리키며) 저놈을 꼭 써야 한단 말이야!

갓을 잡으려는데,

갓이 일을 본 곳에 떨어진다.

윽!

이를 어째.

갓을 들어 묻은 것을 턴다.

그래도 냄새가 나니까 이번엔 객석에 가서 관객의 옷에 문지른다.

다시 숨을 꽉 참고 갓을 쓴다.

숨을 꽉 참고, 갓끈을 동여매는데…

갑자기 뒤에서 뭐가 번쩍번쩍하는 거라!

덩덩덩덩.

도깨비가 나타나 한바탕 춤을 추고 들어간다.

(바닥에 놓인 갓을 가리키며) 이 선비, 어떻게 됐어요?

기절했지.

그런데 새벽이 되면 뭐가 내리죠? 이슬.

이슬이 내리니 몸이?

으, 왜 이렇게 춥지!

(깊이 숨을 들이쉬면서 갓을 쓰려다가) 읍!

숨을 깊이 들이마시고-

꽉 참고 갓을 쓴다.

숨을 꽉 참고 갓끈을 단단히 매고 한양으로 갑니다!

휘모리장단에 달려가는 선비.

(참았던 숨을 한꺼번에 내쉬며) 숨도 쉬지 않고 단숨에 한양까지 왔는데, 왔는데….

(관객의 반응을 기다렸다가) 끝났대.

어제 끝났대.

이제 이 선비, 어떻게 하지?

어떻게 하긴. 집으로 돌아가야지.

출래출래 집으로 돌아오고 있는데, 저기 언덕 너머에서 부인이 막 버선발로 뛰어오는 거라.

아니, 그땐 SNS도 없을 땐데, 어떻게 먼저 알고 달려오지?

그나저나 이 선비, 이제 어떻게 해야 할까요?

(관객들의 반응) 도망가? 에이, 저기 제 부인 좀 보세요.

(관객을 지정해 서로 손을 흔든다.) 얼마나 참하게 생겼어요.

부인은 과거 시험도 못 보고 돌아온 선비가 얼마나 안됐던지–

"좀 쉬세요. 과거 시험이야 다음에 또 보면 되죠, 뭐. 10년을 넘게 기다렸는데 또 못 기다릴 게 뭐 있겠어요" 하면서 아무 일도 없었다는 듯이 열심히 일을 합니다.

자진모리장단과 춤.

이렇게 선비는 비록 간단했지만, 아름다운 부인과 이쁜 딸과 아들과 함께 오래오래 행복하게 잘~ 잘~ (기침 때문에 말을 못 하는 듯 하면서 관객들이 "잘 살았답니다" 하고 답하게 한다.)

그러려고 했는데, 그날 밤 갑자기 선비네 집에 불이 났어요!

불이야! 불이야!

덩덩덩덩.

불춤.

가난한 선비네 집에 불이 나서 살림살이를 몽땅 태웠으니, 이제 선비네 식구들이 어디로 가지?

그동안 모아 둔 돈이 있나, 뭐가 있어? 당장 잠잘 곳이라도 있어야겠는데….

그래! 선비가 과거 시험을 보러 갈 때, 반나절도 안 가서 멋진 기와집이 있었잖아!

"아냐, 여보. 거긴 아무래도 도깨비가 사는 것 같아."

"도깨비면 어때요, 도깨비가 우리 같은 가난한 사람들한테 무슨 해코지라도 할라고요?"

"그래요, 아빠. 도깨비는 장난을 좋아한다니까 같이 놀면 되죠, 뭐!"

이렇게 마음을 바꿔 먹고 보니 못 갈 것도 없더란 말이야.

그래서 선비네 식구들이 모여서 길을 나서는데- 도착했어!

도착해서 사는데….

세상이 이런 변이 있나.

낮엔 잠잠하다가도 밤만 되면 뭐가 나타나?

도깨비!

도깨비가 어떻게 나타나?

도깨비깨비, 도깨비깨비, 도깨비깨비,

도깨비깨비, 도깨비깨비, 도깨비깨비.

엇모리장단의 기본이 된다.

관객들이 손뼉을 치면서 입으로 따라 하게 한다.

그러다가 날이 밝으면, 흔적도 없이 사라지는 거라.

그런데 지들끼리 놀다 가면 누가 뭐래?

선비가 글을 읽고 있으면— "하늘 천 따 지" (책장이 엉키는 시늉을 하며) 책장을 막 엉켜 놓는 거라.

부인이 바느질을 하고 있으면— (악사에게) 바느질 좀 해 봐.

(악사가 바느질하는 시늉을 하면) 실을 톡 끊어요.

(갑자기 객석으로 달려들면서) 꽥!

(관객을 놀라게 한다.)

이러고 장난을 치니 성가셔서 살 수가 있나.

그래서 식구들이 도깨비를 쫓아내기로 했는데—

그런데 이 도깨비들은 낮도깨빈가 밤도깨빈가?

밤도깨비!

그래서 식구들이 밤이 되길 기다려요.

(쭈그려 앉아 기다린다.)

밤이 됐어요, 안 됐어요?

관객들이 처음에는 안 됐다고 답하게 한다.

그사이 배우는 물을 한 모금 마신다.

밤이 됐어요, 안 됐어요?

이제 밤이 됐어요. 밤이 되니 뭐가 나타나?

도깨비가 어떻게 나타나?

(관객들이 "도깨비깨비, 도깨비깨비" 하게 유도)

그건 어제 나타난 도깨비지. 오늘 도깨비는 "도~깨비 도~깨비" 하는 거라.

관객들이 "도~깨비 도~깨비"를 따라 한다.

어라! 저기, 어제 나타난 도깨비가 자꾸 나타나네.

좋아요, 그냥 끼워 줍시다. 같이 해요.

도~깨비 도~깨비, 도깨비깨비 도~깨비,

도~깨비 도~깨비, 도깨비깨비 도~깨비.

야, 같이 하니 더 재밌네요. 다 같이!

엇모리장단이 된다.

〈강원도 아리랑〉을 부른다.

아리아리 쓰리쓰리 아라리요, 아리랑 고개를 넘어간다~

아주까리 동백아, 더 많이 열려라.

산골짝 큰애기 신바람 난다. (북한 지방의 〈강원도 아리랑〉)

아리아리 쓰리쓰리 아라리요, 아리랑 고개를 넘어간다~

도~깨비 도~깨비, 도깨비깨비 도~깨비.

도깨비는 노래를 부르고

장단 놀이를 하다가 들어간다.

이렇게 정신없이 놀다가 날이 밝으니까-

흔적도 없이 사라지는 거라.

그래서 식구들이 쫓아갔지.

그런데?

도깨비가 나서면서 바로 쫓아 나섰는데, 흔적도 없는 거라.

꿩 궈 먹은 자리야.

이거 어떻게 된 거지?

어떻게 되긴, 허탕 친 거지.

어떻게 해야 도깨비를 만날 수 있을까요?

관객 반응을 살피다가-

옛부터 글을 많이 읽은 사람보다 일을 열심히 하는 사람이 슬기로운 법이더라!

부인이 바느질을 하고 있어요. 바늘귀에는 뭐가 꿰어져 있지?

실이 꿰어져 있는데, 이게 뭉치가 되기 전에 그걸 뭐라고 하더라….

타래!

타래째 길~~~~~~~~게 꿰어 놓고 밤이 되길 기다리는데….

밤이 됐어요, 안 됐어요? (관객들은 또 아직 안 됐다고 한다.)

됐다고 쳐!

밤이 되니까 뭐가 나타나?

도깨비! 도깨비가 어떻게 나타나?

관객들은 앞서 나타난 도깨비와 다른 것을 하려고 하지만 잘 안된다.

오늘 도깨비들은 반으로 나눠서….

"팍팍 밀어붙여, 팍팍 밀어붙여!"

나머지는–

"들어간다 들어간다, 들배지기 들어간다!"

객석을 양쪽으로 나눠서

경쟁하듯 장단 놀이를 한다.

도깨비들이 지금 뭐 하고 있죠?

씨름! 자, 씨름하고 싶은 도깨비?

관객 중에서 씨름할 사람들을 뽑는다.

관객들이 샅바를 매는 동안-

씨름을 할 때, 샅바를 오른발에 매나요, 왼발에 매나요?

민속씨름에선 오른발에 샅바를 맵니다.

그런데 여기선 왼발에 샅바를 매는데…

이렇게 왼발에 샅바 매는 걸 무슨 씨름?

왼씨름! 다른 말로, 도깨비 씨름!

관객들을 적당히 불러 씨름을 한다.

장원한 도깨비를 무동 태우고

“얼씨구 좋다, 절씨구 좋다” 하면서 노래를 부른다.

장원한 도깨비를 내려 주고-

이렇게 방에서 그 많은 도깨비들이 씨름을 하고 난리 법석을 피우니… 방 안이 어떻게 됐겠어요?

엉망진창, 난장판이 된 거라.

이때, 부인이 뭘 찾는 척, 도깨비 옷자락에 바늘을 슬쩍 꽂았어요.

바늘엔 뭐가 있죠?

실!

실이 얼마만큼? (관객들은 보통 “많이!”라고 답한다.)

많이? 아니, 길~~~~~~~~게.

도깨비들은 그것도 모르고 신나게 놀다가 날이 밝으니까-

모두 사라졌어요.

이제 식구들이 어떻게 하면 되지?

그렇지, 실을 따라가는 거야.

(실을 따라가다가) 가만.

한 가닥만 꿰어 놨더니 끊어지려고 하네.

끊어지면 안 돼. 조심조심.

(다시 깜짝 놀라) 어라!

실이 가시덤불 사이로 지나갔네. 위로 간 게 아니라 그 사이로 지나갔어요.

어떻게 하지?

(관객들이 "그냥 지나가"라고 한다.) 지나가? 가시덤불 사이를?

배우가 가시덤불을 지나가는 시늉을 한다.

앗! 따가워. 따갑잖아.

(그러다가 실을 발견하고) 어? 그런데 실이 왜 저 궤짝 안으로 들어갔지?

조심조심 궤짝으로 다가간다.

쥐가 지나가는 소리.

다시 다가가려다가 쥐 쫓는 시늉.

그리고 뚜껑을 열려고 한다.

잘 되지 않는다.

콧기름을 발라 자물쇠를 따고 뚜껑을 연다.

그 순간 신비한 소리-

윽!

(충격을 받은 듯 비틀거리면서) 저기 뭐가 들었게?

엽전!

옛날 돈!

녹슨 엽전들이 아주 푸지게 쌓여 있는데, 편지도 한 장 있네.

(쪽지를 집어 들어 읽어 보려고 한다. 왼쪽부터 읽으려다가 오른쪽을 가리키며) 아, 옛날엔 오른쪽부터 읽었지, 참.

"나는 평생 구두쇠로 살며 돈을 모으기만 했지, 쓸 줄 모르고 죽는다. 누구든 이 돈을 먼저 보는 사람이 다 가져라!"

그래서 식구들이 그 돈을 다 꺼내서 원도 한도 없이 썼어요.

논도 사고 밭도 사고 소도 사고 말도 사고,

이웃에 가난한 사람들한테 죄다 나눠 주고.

이렇게 돈을 다 쓰고 났더니,

그다음부터 도깨비들이 '안 나타나더라' 이겁니다.

그래요, 돈이란 놈을 쓰지 않고 모아만 두면 귀신이나 도깨비가 된다고 했는데, 돈도깨비가 이래서 생겼나 봐.

그래요, '돌고 돌고 돌라'고 '돈'이라고 했다잖아요.

돈 돈 돈도깨비, 돌고 돌고 돈도깨비.

관객들과 주고받는 동안 자진모리장단이 된다.

흥겹게 장단 놀이를 하고 마무리한다.

그 선비요?

다시는 과거 시험 안 보고, 딸아이 시집보내고, 아들 장가보내고, 작년까지 요 앞 ○○다리 밑에 살았다는데, 만나들 보셨죠?

(관객들 가운데 반응을 보이는 관객을 향해) 네!

휘모리장단으로 휘몰아치면서

마무리.

(끝)

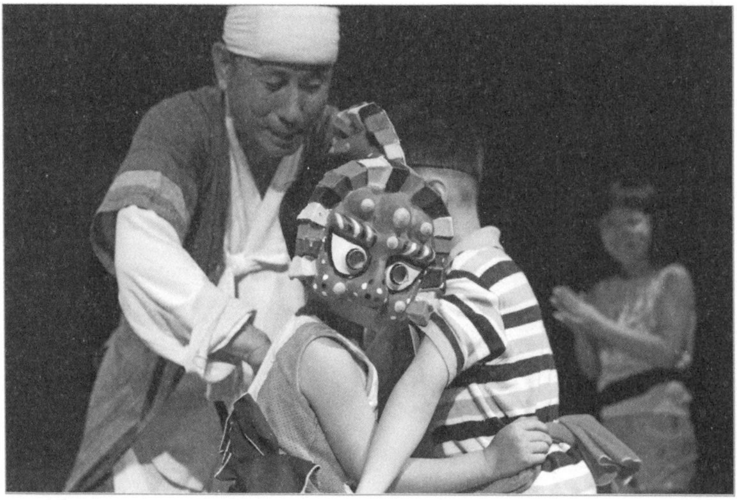

© 극단민들레

〈돈도깨비〉 실제 공연 사진. 잘 알려지지 않은 도깨비 이야기를 가져와 연극으로 만들었다. 밤마다 다른 도깨비들이 나타나 매일 다른 장단 놀이를 한다. 도깨비는 앞에서 소개한 〈노래 주머니〉의 모습을 떠올려 표현해도 좋다. 자신이 생각하는 도깨비 형상을 만들면 된다.

3.
연희극
〈남복이 차복이〉

전통 연희를 살려 공연하다

작품 의도

〈남복이 차복이〉는 '연희극'이라는 장르를 개척하며 쓴 희곡이다. 마당극은 알아도 연희극은 생소해하는 사람이 많다. 하지만 요즘은 탈춤이나 풍물 등 전통 연희를 전공하는 젊은 연희자들을 중심으로 다양한 창작 연희극이 만들어지고 있다.

'연희'라는 말을 사전에서 찾아보면 '말과 동작으로 여러 사람 앞에서 재주를 부리는 것'이라고 되어 있다. 그러니 연희극이라고 하면 '풍물이나 탈춤, 노래를 중심으로 엮어 가는 극'이라고 하면 될 것이다. 그것이 마당극 아니냐고 할 수도 있겠지만, 마당극은 관객보다는 만드는 사람이나 그 집단의 의도에 더 집중한다면 연희극은 관객에게 더 많은 신경을 쓴다. 그래서 연희극은 야외에서도 공연되지만 주로 극장용으로 만들어지고 있다. 무대 조명, 의상 등 극장적인 요소가 더해져서 보다 미학적인 면을 추구한다.

놀이성이 강한 우리나라의 전통 연희를 바탕으로 하지만, 무대에 오르면 놀이성보다 연극성을 더 강조한다. 이런 극을 연희극이라고 한다.

작품 주제

연희극 〈남복이 차복이〉는 '차복' 개념, 즉 '우리가 사는 것은 남의 복을 빌려 사는 것'이라는 철학을 기본 주제로 삼고 있다.

사람은 누구나 풍요로운 삶을 원한다. 그리고 현대인의 삶은 과거에 비해 매우 풍요롭다. 그런데 현재 우리가 누리는 풍요는 당연한 것일까? 내가 누리는 풍요 때문에 누군가 더 힘든 사람이 있지는 않을까? 미래 세대의 자원을 함부로 쓰는 것은 아닌가? 그로 인해 불편한 일이 생긴다면? 자연이 망가진다면?

〈남복이 차복이〉는 현재 우리가 누리는 복은 아직 태어나지 않은 사람의 복을 빌려서 쓰는 것이라는 옛이야기에서 출발한다. 이 발상은 작가의 창작이 아니라 옛이야기에서 가져온 것이다. 우리 조상님들의 가르침이다. 이 얼마나 위대한가!

동화 작가 권정생 선생은 "간신히 사는 게 잘 사는 것"이라고 하셨다. 테레사 수녀님은 "세상의 물질(생산)은 충분한데 고루 나누지 못해서 어려운 사람들이 있다"고 하셨다. 적당하게 풍요를 누리는 것은 축복일 것이다. 그런데 낭비가 되도록 많이 만들고 많이 버려서 다음 세대에 부담을 주는 일이 얼마나 많은가. 더 많은 곡식을 얻겠다고, 공장을 짓겠다고 함부로 나무를 베고 산을 허물고 강을 막는다. 충분히 먹고도 남을 음식을 넘치게 만들고, 버리는 것은 또 얼마나 많은가. 혹시 '다음 세대가 쓸 것을 함부로 사용하고 버리는 것은 아닌지' 생각해 봐야 한다.

이 극은 이처럼 비교적 무겁고 진지한 주제를 연희극의 형태로 전달한다. 연희극은 무거운 이야기도 놀이성을 기반으로 흥겹게 전할 수 있다는 이점이 있다. 연희자의 재주에 빠져 흥겹게 한 판을 즐긴 후, 공연이 끝난 뒤에는 작품 주제에 대해 자꾸 생각하게 된다.

작품의 특성

연희극은 춤과 노래를 통해 즐긴다는 면에서 서양의 뮤지컬과 비슷하다. 다만 전통 연희를 기반으로 펼쳐지는 점이 다를 뿐이다. 어쩌면 앞으로는 연희극을 'K-뮤지컬'이라고 부르게 될지도 모른다.

본 공연 시작에는 '여는 마당'이, 끝나면 '닫는 마당'이 나온다. 여는 마당과 닫는 마당은 일반 풍물 공연과 달리 작품의 성격에 맞게 재창작되고 구성된다. 물론 보통은 중간에도 관객들과 함께 놀 수 있는 장면이 나온다. 이 작품에서는 시장 장면이나 지경 다지기 장면을 들 수 있다. 그런가 하면 중간에는 오롯이 연희자의 기량을 감상할 수 있는 장면을 배치하는데, 여기서는 도깨비춤을 감상하는 장면을 연희자의 몫으로 배치하였다.

그러니까 시장 장면에서는 배우가 객석으로 다가가 극장(판) 자체를 하나의 공연장으로 만들고, 지경 다지기에서는 관객들이 무대로 올라와 배우들과 함께 극을 꾸민다. 그런가 하면 도깨비춤은 오롯이 연희자의 기량을 한껏 뽐내는 장면이다.

이 작품을 굳이 연희극으로 쓴 것은 우리의 전통 연희를 펼칠 수 있는 방법으로 극을 이끌려고 했기 때문이지만, 더 큰 이유는 우리 공연의 특성을 탐구하기 위함이었다. 즉, 감상 위주의 공연이 아니라 관객과 함께 즐기는 공연으로 만들고 싶었기 때문이다. 따라서 이 대본을 읽을 때는 이야기 사이사이에 배우들이 연희하는 장면이나 관객과 함께 어울리는 장면을 상상하며 읽으면 더욱 좋을 것이다.

아무나 하기 쉬운 연극 만들기

〈남복이 차복이〉 대본을 처음에는 약 스무 명이 공연할 것을 염두에 두고 썼다가 이후에 4인이 공연할 수 있도록 수정했고, 다시 혼자 하는 극으로 만들었다. 그러니까 반대로 현 대본을 근거로 여러 사람이 공연할 수 있도록 바꿀 수도 있다.

연희극 구성상 본판의 앞과 뒤에 여는 마당과 닫는 마당이 있는데, 이를 어떻게 구성할지 생각하여 자신들만의 독창적인 방법을 찾으면 좋다. 보통은 풍물로 길놀이를 하면서 극을 열지만 이것을 보다 독창적인 방법으로 해 보자. 굳이 풍물 악기를 쓰지 않아도 되고 탈춤을 추지 않아도 된다.

닫는 마당에서는 관객들과 함께 즐기며 어우러지면 좋겠다. 그런데 관객을 억지로 무대에 올려 춤을 추게 하면 안 된다. 이야기에 공감하고, 이야기가 담고 있는 정신을 나누는 것이 먼저다. 그래서 흥, 신명, 놀이를 중시하는 일반 연희(풍물) 공연과 달리 극으로 감동을 전해야 한다. 이렇게 관객의 마음을 움직였을 때 자연스럽게 뒤풀이로 이어질 수 있다. 제발 억지로 관객의 손을 잡지 마라.

연극을 만들기로 한 다음 대본을 선택할 때는 과연 이 이야기를 관객과 나눌 만한 가치가 있느냐 없느냐를 먼저 고민하자. 그렇게 작품을 선택했다면, 설계도를 잘 살필 차례다. 이때 잘 살펴야 하는 것이 '구성'이다! 구성이라고 하면 동양에서는 '기승전결', 서양에서는 '발단–전개–절정–위기–대단원'을 이야기한다. '기', 즉 어떤 이야기든 '발단'이 있어야 하고, 이것은 관객이 납득할 수 있는 흐름을 따라 가면서 흥미를 갖게 한다. '승'은 이야기가 발전하는 것이라면 '전'은 절정에 다다른 상태이거나 반전을 이루는 것을 말한다. 그리고 '결'은 서양극 구조의 대단원에 해당한다고 생각하면 된다.

장면마다 꼭 해야 할 일을 정한다. 그것이 전체를 꿰뚫고 있으면 대사 한마디 한마디를 모두 전달하려 하지 않아도 된다. 모든 대사에 힘을 주는 것은 투수가 모든 공을 스트라이크 존에 던지려는 것과 같다. 때로는 버리는 공도 있어야 한다. 하지만 버리는 공도 다 계산이 된 것이다. 배우가 대사를 전달하려고 할 때도 마찬가지다. 모든 대사에 힘을 주면 관객은 오히려 제대로 들을 수 없다. 특히 어미에 힘을 주어서는 안 된다. 핵심 단어를 찾아 강조하는 것이 중요하다.

장면마다 반드시 보여 줘야 할 주제를 찾아, 이를 잘 전달할 수 있는 방법을 찾아야 한다. 문장에서 가장 핵심적인 단어가 무엇인지를 찾아야 한다. 우리가 일상적인 말을 할 때를 생각해 보자. 상대방에게 전하고자 하는 정확한 단어를 중심으로 말에 강약이 들어가야 한다. 대사를 전할 때도 말하듯 자연스럽게 하되, 중심이 되는 단어를 잘 전달할 수 있어야 한다.

연희극을 할 때는 특히 놀이 장면 이후에 관객을 어떻게 극에 집중시킬 것인지를 잘 계산해야 한다. 놀이에만 집중하다가 극이 흐트러지고 중심을 잃게 되어서는 안 된다.

이제 본격적으로 〈남복이 차복이〉를 연희극을 만들려고 할 때 우선 어떤 연희를 펼칠 수 있을지 생각해 보자.

"난 꽹과리를 못 치니 냄비를 두드리면서 적당한 리듬을 만들 거야."

아주 좋은 생각이다.

"난 춤을 못 추지만 만들기는 잘할 수 있어. 그러니까 도깨비를 크고 멋있게 만들어서 나만의 도깨비를 표현해 볼 거야."

정말 좋은 생각이다.

만약 "우리는 이 연극을 아주 짧게 만들고 싶어"라고 생각한다면 해설로 이야기를 이끌면서 연희가 가능한 일부 장면만을 공연할 수도 있다.

이렇게 연극을 만드는 집단의 자산을 잘 파악해서 그 집단만의 독창적인 방법으로 만들면 좋겠다. 그래서 어떤 장면이 필요하면 더 집어넣고, 필요 없으면 빼면 된다. 물론 다른 사람이 쓴 대본을 가져와 연극으로 만들 때 이런 부분은 조심스러워지지만, 이 책에 실린 대본들은 모두 모두 자유롭게 사용해도 된다.

연희극 〈남복이 차복이〉

송인현 지음

등장인물

배우

남복

어물전 장수

장수(시장 사정을 잘 안다. 무엇을 파는지는 모른다.)

아비(남복의 아비지)

비단 장수

도깨비

거지 남편

거지 부인

남복 부인

무대에 나무토막, 작은 소쿠리, 채반, 그리고 솥뚜껑 등.
배우들이 나무토막을 두드린다.
나뭇잎으로 새를 만들어 보기도 하고,
소쿠리를 이용해서 호랑이춤, 도깨비춤도 춘다.
배우들은 적당히 자리 잡는다.

정주 소리가 울린다.

배 우: 남복이! 옛날, 깊은 산골에 남복이가 살고 있었어요. 남복이! 부모님이 '이웃과 복을 나누며 살라' 해서, '남복'이라고 하셨대요. 나눠 줄 복이 있으면, 그거 좋은 거잖아요. 남복이는 깊은 산속에서 살았기 때문에 글을 읽을 줄도 쓸 줄도 몰랐지만 산짐승, 날짐승하고 이야기도 할 줄 알고, 바람과 구름을 보고 날씨의 변화도 알 수 있었죠.

산새와 짐승과 노는 모습.

남 복: (놀다가 하늘을 보고) 인제 그만 놀고 나무해야겠네. 구름을 보니 머지않아 큰 비가 올 것 같아. 비 오기 전에 어서 나무를 해야지. (도끼를 들고 나무를 하려다가 멈춤 동작)

배 우: 아, 나무꾼이 나무를 하는 건 자연을 훼손하는 게 아니라

자연을 가꾸는 일이기도 하죠. 적당히 가지를 쳐 주고 솎아 줘야 나무들이 잘 자라 아름드리나무가 되고, 짐승들 다니는 길도 생기죠. 물론 욕심껏, 함부로 나무를 해서 자연을 해치는 사람들도 있지만요.

남 복: (일을 하면서 나무 타령)

나무 나무 무슨 나무, 십 리 절반 오리나무.
가다 보니 가닥나무, 오다 보니 오동나무.
토실토실 밤나무, 이 밤나무를
밤에 보면 무슨 나무가 될까? 밤에 봐도 밤나무~
따끔따끔 가시나무, 잘못했소 사과나무,
앵도라져 앵두나무.
아이고, 여기 거짓말 못하는 나무들이 잔뜩 있네.
거짓말 못 하는 나무는?

배 우: 참나무! 참나무 장작은 장작 중에서도 으뜸이죠. 참나무 숲은 말할 것도 없고요!

다음 날, 남복이는 나무 석 짐을 메고 장에 갔어요. 장엔 벌써 많은 사람들이 모였네요.

아, 저기 저 어물전에선….

어물전 장수: 싸구려 싸요, 골라잡아요, 골라잡아.

한 가지 잡고는 한 돈이요, 두 가지 잡고는 두 돈인데,
세 가지 잡고는 한 돈이라.

어두일미는 조기대강이, 먹어 봐야 맛을 알지.

자, 싸구려 싸요~

배 우: 조기 한 마리를 사서 아버님 구워 드리고 싶은데, 오늘은 영 나무가 안 팔리네요. 한쪽 모퉁이에 쭈그려 앉아 있는데 누가 어깨를 툭툭 쳐요.

남 복: 네?

장 수: 자넨 왜 매번 나무 석 단만 해 오나? 이러다 언제 돈을 벌어. 돈을 벌어야 장가도 가지.

남 복: 헤헤, 얼마 주실래유?

장 수: 서 푼이지, 뭐.

나무가 한 단, 두 단, 석 단이니까,

엽전도 한 푼, 두 푼, 서 푼.

장수가 엽전을 건네고 나뭇짐을 지고 나간다.

남복, 돈을 센다.

남 복: 한 푼, 두 푼, 서 푼.

배 우: 그렇게 큰돈은 아니지만 일을 해서 번 귀중한 돈이죠. 서 푼이면 조기 한 마리는 충분하니까요! 작은 거 세 마리를 살까 하다가 그래도 큼지막한 놈으로 한 마리를 샀어요.

집으로 돌아온다.

배 우: 아, 이게 무슨 냄새죠? 그래요, 조기 굽는 냄새! 이게, 바닷가에선 그게 그 냄새 같지만 산속에서 조기 굽는 냄새란!

남 복: 음~ 어때요, 아버님. 정말 맛있죠?

아 비: 맛있긴 이놈아. 이런 건 안 사 와도 좋으니 장가나 들어. 혼자 늙어 죽을래?

남 복: 그냥 아버님하고 둘이 살래요.

아 비: 에그, 사내들끼리 참도 좋다. 니 에미 먼저 보내고 이렇게 사내 둘만 산 지도 벌써 10년. (한숨을 쉬며) 내가 없어져야 장가를 가려나!

배 우: 아버님은 아들이 자기 때문에 장가들 생각을 않는 것 같아 마음이 아팠죠. 남복이도 일부러 그런 생각을 안 했고요. 왜냐구요?

(관객들과 결혼 문제에 대해 이런저런 이야기를 한다.)

그런데 하루는, 또 나무 석 단을 메고 장에 갔는데….

비단 장수: 비단이요, 비단. 비단이 왔어요, 비단.

월공단, 흑공단, 백공단, 청공단, 온갖 비단이 다 있어요.

비단이요. 비단 사세요, 비단!

비단 장수의 춤.

남복이, 비단을 걸친 여인을 멍하니 쳐다본다.

장 수: 왜 그리 멍하니 있나?

남 복: 아, 아닙니다. 그런데 장가를 가려면 어떻게 해야 하죠?

장 수: 색시가 있어야 장갈 가지. 돈도 좀 벌어야 하고.

남 복: 그럼 장가갈 수 있을까요?

장 수: 물론 그게 다는 아니지. 다는 아니지만, 왜, 장가가고 싶어? 그런데 이렇게 매일 나무 석 단씩만 해서 언제 장가를 가?

남 복: 그럼 얼마나 더 해야 될까요?

장 수: 글쎄. 매일 석 단만 해선 그냥저냥 유지나 하는 거고. 넉 단, 다섯 단, 아니 그 이상을 해야 돈이 되지. 한 단을 더 하면 한 단만큼 남고, 두 단을 더 하면 두 단만큼 남는 거니까.

남 복: 그럼 석 단을 더 하면 석 단만큼 남겠네요?

장 수: 아니. 그 담부턴 그게 꼭 그렇진 않아. 석 단을 더 하면 일고여덟이 남고, 열 단을 더 하면 서른, 마흔 단이 남지. 이게 바로 장사꾼의 요상한 셈법이라네.

남복이가 더 물어보려는데 장수는 이미 멀어져 간다.

배　우: 장사꾼의 요상한 셈법!

하나를 더 하면 하나가 남고, 둘을 더하면 둘이 남는데, 셋을 더하면 일고여덟, 열을 더하면 서른, 마흔?

글쎄, 저는 잘 모르겠네요. 하지만 경제란 게, 그게, 쉽게 설명할 수 없는, 뭐 그런 게 있나 보죠? 이때부터 남복이는 열심히 일을 했어요.

남　복: (흥겹게) 뚝딱 뚝딱, 뚝딱 뚝딱 뚝딱,

한 단 뚝딱, 두 단 뚝딱,

뚝딱 뚝딱 뚝딱, 뚝딱 뚝딱,

석 단을 하면 그대론데 넉 단을 하니 하나가 남네!

뚝딱 뚝딱, 뚝딱 뚝딱 뚝딱,

다섯 단 하면 둘이 남고, 여섯 단 하니 여섯 일곱.

뚝딱 뚝딱 뚝딱, 뚝딱 뚝딱,

얼씨구 뚝딱, 절씨구 뚝딱,

열 단 뚝딱, 스무 단 뚝딱!

배　우: 어? 나무를 잔뜩 해 놓고 다음 날 장에 가려고 보면, 나무가 석 단밖에 없는 거예요. 전날 분명히 열 단, 아니 스무 단은 했는데, 다음 날 장에 가려고 하면 언제나 딱 석 단밖에 없어요.

이게, 어쩌다 하루만 그런 게 아니라 매일 그런 일이 반복됐어요.

남　복: 이상하다. 하루 이틀도 아니고, 어떻게 매일 이런 일이 생기지? 아무리 정신을 바싹 차려도 순식간에 없어진단 말이야. 그렇다면 여기 어딘가 도둑이?

이리저리 둘러본다.

관객들과도 눈을 마주친다.

남　복: (새나 짐승을 쫓는 시늉을 하며) 저리 가.
(화가 잔뜩 나서 씩씩거리며) 뚝딱 뚝딱, 뚝딱 뚝딱 뚝딱,
한 단 뚝딱, 두 단 뚝딱,
뚝딱 뚝딱 뚝딱, 뚝딱 뚝딱,
석 단을 하면 그대론데 넉 단을 하니 하나가 남네!
뚝딱 뚝딱, 뚝딱 뚝딱 뚝딱,
다섯 단 하면 둘이 남고, 여섯 단 하니 여섯 일곱.
뚝딱 뚝딱 뚝딱, 뚝딱 뚝딱,
얼씨구 뚝딱, 절씨구 뚝딱,
열 단 뚝딱, 스무 단 뚝딱!

배　우: 그러고는 얼른 나뭇단 속으로 쏙 들어갔어요. 누가 훔쳐가나 보려고 꾀를 낸 거죠.
그렇게 나뭇짐 속에 숨어서 도둑이 오기를 기다리는데….

남　복: 왔어요? (관객들이 안 왔다고 답한다.)

아직? 그럼 물 한 모금 마시고!

배　우: 다시 기다리는데….

남　복: 왔어요?

배　우: 쉿! 나뭇가지 위에서 부엉이가 울 때쯤….

둥둥둥둥, 뚝, 딱!

장단과 도깨비들의 춤.

도깨비들이 나뭇짐을 옮긴다.

남　복: 이놈! 도둑 잡아라, 도둑!

도깨비들, 도망가다가 한 놈이 잡히고 만다.

남　복: 이 도둑놈!

도깨비: 엑켁, 도둑이라니?

남　복: 네놈이 내 나무를 훔쳐 간 도둑 아니냐?

도깨비: 내가 언제 네 나무를 훔쳤다고 난리냐? 이거 생사람 잡네. 아니, 생도깨비 잡네. 내가 언제 네 나무를 훔쳐 갔다는 거냐? 언제?

남　복: 언제긴? 매일 매일이지.

도깨비: 매일?

남 복: 그래. 내가 나무를 열 단, 스무 단 해 놓으면 눈 깜짝할 사이에 석 단만 남고 다 없어지더란 말이다.

이 산속에 너 말고 또 누가 있단 말이냐?

도깨비: 나무들? 아, 여기, 이것들!

도깨비들이 장치를 돌려놓으니,

그곳에 나무들이 잔뜩 쌓여 있다.

남 복: 어? 이게 어떻게 된 거지? 이건 그동안 내가 해 놨던 나무들인데? 이상하다.

분명 나무를 해 놓으면, 아무리 많이 해 놔도 석 단밖에 안 남았었는데, 없어진 나무들이 어떻게 여기 다 있지? 도깨비한테 홀렸나?

도깨비: 그게 아니고, 네 복이 나무 석 단밖에 안 돼서 그래. 네가 타고난 복이 나무 석 단이니 아무리 일을 해도 네 눈엔 나무 석 단밖에 안 보였던 거야. 복에도 없는 나무를 자꾸 하니까 공연히 나무들만 상했잖냐.

남 복: 뭐, 내 복이 어떻다고? 나무 석 단?

도깨비: 그래, 나무 석 단.

남 복: 세상에! 그런 법이 어디 있냐? 어떤 사람은 팔자 좋아, 고대광실 큰 집에서 맛난 음식 먹고 잘만 사는데, 난, 복이

나무 석 단밖에 안 돼, 아무리 일해도 나무 석 단 이상 모을 수 없다니. 아….

도깨비: 아무리 그래도 소용없어. 네 복이 나무 석 단밖에 안 되니까.

남 복: (버럭) 세상 이런 법이 어디 있냐고?

도깨비: 난 몰라. 그렇게 알고, 그렇게 전할 뿐이니까.

남 복: 전한다고? 그럼 누가, 누가 그런 결정을 한다는 거냐? 그렇게 결정한 사람이 있다면 바꿀 수도 있는 거 아니냐? 그 사람한테 데려가다오.

도깨비: 그분? 그분은 사람이 아니야.

남 복: 사람이 아니라고?

도깨비: 그래! 그런데 네 말을 듣고 보니, 참 안됐다. 내가 가서 네 억울한 사정 전해 볼까?

남 복: 제발 그렇게 해 다오!

도깨비: 그럼 장단!

(불림) 청산녹수 깊은 골~

장단에 맞춰 춤추며 잠깐 퇴장했다가
다시 등장.

도깨비: 응, 네 말을 전해 드렸는데, 그게, 세상 복은 이미 정해져

있기 때문에 어쩔 수가 없다시는구나.

남　복: 세상 복은 다 정해져 있기 때문에 어쩔 수 없다?

도깨비: 그래. 그러니 네게 복을 더 주려면 다른 사람 복을 빼앗아야 하는데, 어때? 그렇게 해 주랴?

남　복: 그건…. 그렇게도 되냐?

도깨비: 되고 안 되고는 다음 문제고, 그렇게 해?

남　복: 나한테 복을 빼앗긴 사람은, 그 사람은 어떻게 되는데?

도깨비: 그걸 도깨비가 어떻게 알아? 어때, 다른 사람 복을 빼앗아 줘?

남　복: 좀 나눠 달라고 하면 안 될까?

도깨비: 세상에! 지 복을 나눠 줄 사람이 있을까?
그런 사람이 있겠어?
어디 한번 찾아봐라.

남복이는 관객들에게
복을 나눠 줄 수 없냐고 사정한다.

도깨비: 봐라, 줄 듯 줄 듯 하지만 선뜩 자기 복을 내놓는 사람은 없잖냐. 설혹 나눈다 해도 찌끄레기들뿐인데, 그걸로 도움이 되겠어?

남　복: 아이고, 다른 사람 복을 빼앗을 수는 없고, 나눠 줄 사람도 없고. 아…!

(노래로) 내 복이 나무 석 단뿐이라니. 나무 석 단. 나무 석 단. 나무 석 단!

그렇지! (얼굴에 살짝 웃음기가 돈다.)

도깨비: 엑케이! 그런 생각 마라. 네 복이 나무 석 단이니, 아무 일 안 해도 나무 석 단은 저절로 얻을 수 있다? 그랬다간 그나마 있는 복도 다 사라진다. 아주 거렁뱅이 된다.

남 복: 아니, 그걸 어떻게 알았지?

도깨비: 다 보인다, 다 보여.

남 복: 오냐, 그렇다면 내 복에 만족하며 사는 방법을 찾아야겠구나.

도깨비: 암, 그래야지.

남 복: (다시 노래)

내 복은 나무 석 단, 나무 석 단, 근근이 살 정도.

어쩌다 복이 터져 약초라도 찾으면, 그건 덤.

그래도 어쩌랴, 내 복은 나무 석 단, 초라한 복.

초라한 복이라도 가꾸고 살아야지.

고맙게 생각하며 가꾸며 살아야지.

도깨비: 하하하. 내가 이 말을 해 줄까 말까 했는데, 그분 말씀이, 네 마음 씀씀이가 되먹었다고, 그동안 착하게, 열심히 살았다고, 그래서 아직 태어나지 않은 사람의 복을 빌려줄

수는 있다고 하시네. 아직 태어나지 않은 아기의 복을 빌려주랴?

남복이는 잠시 망설인다.

도깨비: 싫으냐?

남 복: 아니다. 그렇게라도 해 다오.

도깨비: 대신 남의 복을 빌리는 것이니, 주인이 나타나면 반드시 돌려줘야 한다.

남 복: 이자 쳐서 돌려드리마.

도깨비: 아니, 그렇게까지 할 건 없고, 다만 그 복을 잘 관리해서 그 사람, 복 임자한테 절대 해가 되는 일이 없도록 해야 한다. 만약 잘못되면, 그 사람 복이 망가지는 것이니. 어때, 잘 관리할 수 있겠느냐?

남 복: 이를 말이냐. 잘 관리해서 그분 복을 더 풍성하게 하겠다.

도깨비: 그렇다고 무턱대고 모아 두기만 했다간, 되려 해가 될 수도 있으니 적당히 나누기도 해야 된다. 그래야 복이 덕이 되는 것이다.

남 복: 복이 덕이 된다? 아, 복을 나눠 덕을 쌓는단 말이구나.

도깨비: 그렇지.

남 복: 그런데 아직 태어나지 않은 그분은, 내가 복을 빌릴 분은

뉘시냐?

도깨비: 차복이!

남　복: 차복이?

도깨비: 차복아, 차복아! 네 복을 빌려다오!

한바탕 춤을 추고 나간다.

배　우: 차복이!

이렇게 해서 나무 석 단밖에 안 되는 복만 갖고 태어난 남복이는 아직 태어나지 않은 차복이 복을 빌려 살게 되었어요.

그래서 어떻게 됐냐고요? 어떻게 되긴? 잘됐지!

그다음부터 나무를 하면 그게 다 남는 거예요. 장사꾼이 얘기했듯이, 나무 석 단을 해서 팔 때는 그냥저냥 살았는데, 넉 단을 하니 한 단이 남고, 다섯 단을 하니 두 단, 여섯 단을 하니 일고여덟 단이 남는 거예요. 정말이에요. 참으로 요상한 셈법이죠?

하나를 더 하면 하나가 남고, 둘을 더 하면 둘이 남는데, 셋을 더 하면 일고여덟, 열을 더 하면 서른, 마흔이 남고, 백을 더하면 그게….

그런데 이 남복이! 보통 사람 같으면 지 복이든 남의 복이

든 이 셈법에 빠지면, 셈이 셈을 키우고, 또 셈이 셈을 키워 그저 셈밖에 모르게 되는데,

남복이는 복이 들어올 때마다 "이건 내 복이 아니고 아직 태어나지 않은 차복이님 복을 빌린 것이다. 복을 잘 나눠 그분 복이 덕이 되게 해야 한다" 하면서 들어오는 돈을 잘 모으고, 또 잘 나누면서 살았어요.

적당히 모으고 나머지는 이웃과 나누며 사는데, 나눌 때도, 하나를 나누면 둘이 되고 둘을 나무면 넷이 되는데, 다섯을 나누면 스물이 되고, 열을 나누면 백, 이백이! 그러니까 사람들은…

"남복이가 최고여."

"남복인 이 세상 사람이 아녀."

"지 부모가 복을 나누라고 남복이라 했다는데, 정말 좋은 이름이지 뭐여."

"재상이 따로 있남. 이웃을 위하면 재상이지."

"이건 나라님도 못 하는 일여."

쉿! (주변을 둘러보고, 낮게) 옛날엔 나라님보다 낫다 어쨌다 했다간 잡혀갔거든요.

남복이는 그렇게 큰 부자는 아니었지만, 이웃과 복을 나누며 살았어요. 남들이 칭찬을 해도 그건 지 복이 아니라 아직 태어나지 않은 차복이님의 복을 빌린 것이니, 늘 겸손

했죠.

하지만 아무리 복을 잘 가꾸려 해도 그게 마음대로 되는 게 아니었어요. 글쎄, 아버님 환갑을 아주 조촐하게 치르려고 했는데, 이 사람 저 사람 여러 사람이 찾아와 축하를 하니, 찾아온 손님을 소홀히 대접할 수는 없잖아요. 아주 소박한 음식을 대접한다고 했지만 그게, 그 수가 워낙 많다 보니, 그만 큰 잔치가 됐지 뭐예요.

남 복: 이거 차복이님한테 죄송해서 어쩌나. 아버님 환갑잔치를 너무 크게 치러, 차복이님 복에 해가 되진 않았을까.

그래, 내 결혼식은 정말 아끼고 절약해서 해야지.

배 우: 그래서 장가를 들 땐 아주 조촐하게 식을 올렸어요. 정화수 한 그릇 떠 놓고 절하고, 그렇게요.

한데 혼인을 했으니 따로 방이 있어야 되잖아요. 아버님과 같이 쓰던 방은 그냥 아버님 쓰시게 하고, 새로 작은 신방을 들였죠. 이렇게 방을 한 칸 늘렸는데, 그런데 사람들이 자꾸 드나드니 얼마 되지 않아, 할 수 없이 행랑채를 지을 수밖에 없게 되었죠. 행랑채를 지으려니 우선 땅을 다져야겠죠? 큰 돌에 줄을 묶어 네 귀퉁이에서 여럿이 번쩍 들었다가 놓는 거예요.

지경밟기 노래를 한다.

배　우: 에이어라 지경이야, 에이어라 지경이야!
지신, 지신 땅 신이여,
고이고이 다지리다.
차복이님 복을 빌어
남들과 나누는 복,
복을 나눠 덕을 쌓네.
에이어라 지경이야~
여럿이 무거운 돌을 들었다 놨다 하니 땅이 잘 다져졌어요. 땅을 다지고, 주춧돌을 놓고, 기둥을 세우고 서까래를 얹었어요. 그리고 벽을 세우고… 이게 무슨 소리죠?

빗소리-

배　우: 이런, 갑자기 장마가 졌네요. 하루 종일, 열흘 내내 비가 오는데-
주룩주룩, 주룩주룩.
"하늘에 구멍이 났나. 쏟아붓네, 쏟아부어."
"어떻게 몇 날 며칠 쉼 없이 비가 온담."
"이렇게 비 오면 언제 일 해?"
"비 오는 날이면 공치는 날이지."
"올 농산 다 망쳤어."

"여기저기 다리가 끊겼대."

"아니, 저, 저건…."

비를 쫄딱 맞고 부부가 걸어오는데, 행색을 보니 영락없는 거지지 뭐예요. 이 거지 부부가 소문을 듣고 남복이네를 찾아온 거죠.

거지 남편: 제발 비만 피하게, 도와주세요.

남　복: 아이고, 비에 흠뻑 젖으셨네. 아직 행랑채에 벽지를 바르진 못했지만, 그래도 쉬실 만은 할 겁니다. 불을 지펴 드릴 테니 안으로 드세요.

거지 남편: 감사합니다. 그런데, 아내가 산통이….

남　복: 이런, 아기가 태어나는 건 무엇보다 기쁜 일이죠. 어서 안으로 드세요.

배　우: 이렇게 거지 부부를 안으로 들이고 물을 끓이고 미역국을 끓이고.

몰아치는 장단.

산모를 위해 모두 바삐 움직인다.

소　리: 응애!

남　복: 축하드립니다. 이 집에서 아이를 낳으셨으니, 아무 걱정 마시고 삼칠일 동안 편히 머무시다 가세요. 아내가 곧 미역국을 내올 겁니다.

거지 남편: 아이고, 이렇게 고마울 수가!

남　복: 아, 아닙니다. 그냥 편안하게 계시다 가면 됩니다.

거지 남편: 이 은혜, 백배 천배로 갚겠습니다.

남　복: 아닙니다. 제게 빚을 갚겠다는 생각은 마시고, 저 아이를 잘 키우시면 됩니다. 그걸로 됐어요.

거지 남편: 네, 잘 키워 보겠습니다.

남　복: 자, 부인 고단하실 테니 그만 쉬세요.

배　우: 남복이는 안으로 들어가려다가 방에 불을 더 지피려고 아궁이로 갔어요.

따듯한 불빛이 타오르는데, 안에서 거지 부부가 두런두런 나누는 소리가 들리네요.

거지 부인: 이런 고마운 분이 세상 어디 또 있을까요!

거지 남편: 그러게. 이래서 세상은 살 만한 거지.

거지 부인: 그런데, 아이가 태어났으니 이름을 지어야겠는데, 뭐라고 지을까요?

거지 남편: 이게 다 이 집, 남복 어르신 덕이니, 그분 함자를 따서 '차복'이라고 합시다.

거지 부인: 차복이?

거지 남편: 그래, 차복이!

거지 부인: 그거참 좋은 이름이요, 차복이! 차복아!

배　우: 누가 나타난 거죠?

네, 복 임자, 차복이! 차복이가 태어났어요!

이제 남복이는 어떻게 해야 할까요?

여기서 잠깐 관객들의 의견을 듣는다.

배　우: 남복이가 큰 소리로 말했어요!

남　복: 차복이님, 차복이님! 드디어 제 복의 임자가 나타나셨습니다! 제 재산은 모두 이 아이, 아니 차복이님 겁니다! 지금까지 전 바로 이 아이, 차복이님의 복을 빌려 여기까지 왔습니다. 그러니 제 재산은 모두 차복이님 겁니다.

배　우: 남복이 부인이 미역국을 끓여 내오다가, 미역국을 떨어트리고—

남복 부인: 여보, 그게 무슨 말씀이세요? 지나가는 사람한테 방을 내준 것도 모자라 전 재산을 다 준다고요? 안 돼요, 안 돼.

거지 남편: 그래요. 이렇게 몸을 풀 수 있게 해 주신 것만으로 충분합니다. 감사하고 고마울 뿐, 아무것도 바라지 않습니다. 이러시면 안 됩니다.

남　복: 아니오, 본디 내 복은 나무 석 단뿐이었소. 그런데 이 아이, 아니 차복이님 복을 빌려 이만큼 살았으니, 이젠 여한

이 없소. 임자가 나타났으니 돌려드려야죠.

남복 부인: 여보, 제 배 속에도 아이가 있어요. 우리 아이도 생각하셔야죠.

남 복: 그 아인 그 아이의 복이 있을 거요. 난 이 복의 주인이 나타나면 즉시 돌려주겠다고 약속했단 말이요. 자, 제 재산을 다 가져가세요!

거지 남편: 아닙니다.

남 복: 아닙니다.

거지 남편: 아닙니다.

남 복: 아닙니다.

배 우: 이렇게 서로 양보를 하다가 어떻게 됐을까요?

(잠시 관객을 살피고는) 같이 살기로 했어요. 남복이네 차복이네 모두, 같이!

그럼 재산을 어떻게 나눴냐고요? 글쎄요, 그게, 여기서도 참 요상한 셈이 나오더란 말이에요.

남복이네와 차복이네가 서로 재산을 나누는데,

나누면 모이고 나누면 모이고!

나누고 나누면, 어디선가 다시 모이고 모이고, 자꾸만 모이는 거예요.

이래서 남복이네, 차복이네 집은 더 많은 사람들이 찾게 되었고, 그러면서 논과 밭을 늘리고, 집도 늘리고, 이웃들과 복을 나누며 오래오래 행복하게 살았답니다.

얼씨구!

아, 그래요. 지금 우리가 사는 건 아직 태어나지 않은 사람들의 복을 빌려 사는 거라죠? 그러니까 다음에 올 복 주인을 위해, 지금 우리가 누리는 복을 잘 가꿔야 한단 말이죠. 그런데 복은 나누면 나눌수록 커지고, 아무리 나눠도 줄지 않고 다시 모인다고 하네요.

나누면 모이고 나누면 모이고,

나누면 모이고 나누면 모이고!

어느새 장단이 되고

한 판 춤이 펼쳐진다.

(끝)

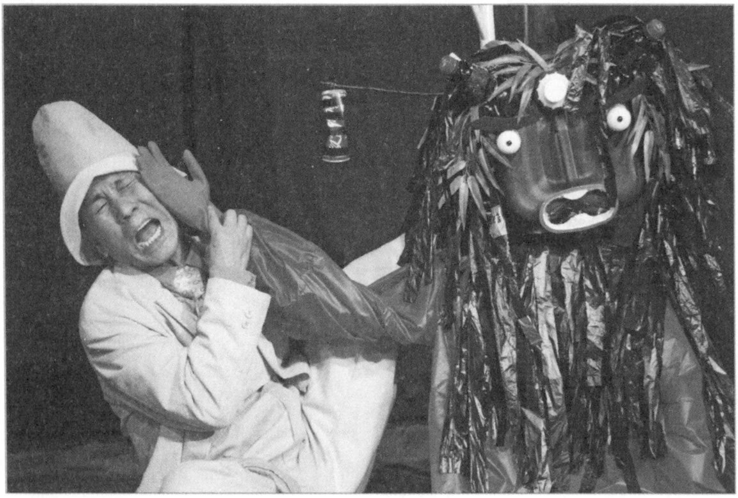

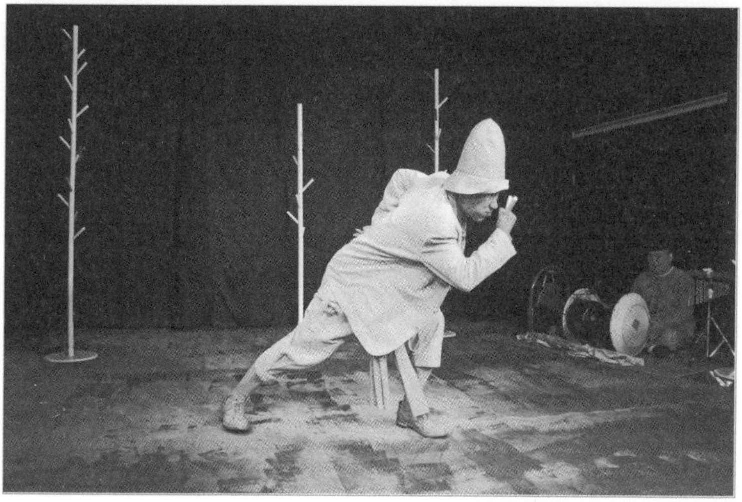

© 극단민들레

〈남복이 차복이〉 실제 공연 사진. 〈남복이 차복이〉는 '연희극'이라는 장르를 개척하며 쓴 희곡이다. 놀이성이 강한 우리나라의 전통 연희를 바탕으로 하지만, 무대에 오르면 놀이성보다 연극성을 더 강조한다. 이런 극을 연희극이라고 한다.

4.
오브제 인형극
〈까만닭〉

관객의 상상력으로 극을 만들다

작품 의도

〈까만닭〉은 오브제 인형극으로, 내 주변에서 있었던 일화들을 모아 하나의 이야기로 엮었다.

일화들을 잠시 소개해 보겠다. 먼저 우리 집 닭장에서 있었던 일이다. 암탉이 병아리를 낳았다. 그런데 이상하게도 노란 병아리들 가운데 까만 병아리가 한 마리 있었다. 아마도 닭이 알을 품기 시작했을 때 어머님이 다른 알을 몇 개 더 넣으셨는데, 그중에 오골계 알이 있었던 모양이다. 까만 병아리는 처음에는 노란 병아리들에게 따돌림을 당했다. 어미 닭도 까만 병아리가 가까이 오면 부리로 머리를 쪼았다. 그런데 이 까만 병아리가 중닭이 되었을 땐 닭장의 우두머리가 되어 있었다. 〈미운 오리 새끼〉와 닮은 이 일을 이야기로 쓰고 싶었다.

이런 일화도 있었다. 육우만 키우는 목장이 집 주변에 있었는데, 육우라고 하면 보통 마트에서 국내산 소고기로 판매되는 소를 말한다. 젖소가 낳은 송아지가 수소면 젖을 짤 수 없어서 따로 떼어 육우로 키운다. 그런데 하루는 이 소들이 서로 올라타더니 급기야는 울타리를 부수고 탈출했다. 목장 주인인 형님에게 "형님, 아무래도 재들 발정한 것 같아요. 접붙여야겠어요"라고 했더니, 젖소들끼리 교미를 해서 태어난 소에게서는 우유를 많이 얻을 수 없다는 것이다. 그래서 태어나면서부터 암소와 수소를 따로 떼어놓는다고 했다. 얼마 전까지는 힘이 좋은 소를 '씨소'라고 하여 따로 키워 교미를 시켰는데 지금은 아예 인공수정만 한다는 것이다. 그래야 우유를 더 많이 짤 수 있는 소를 얻게 된단다.

세 번째 일화는 이렇다. 내가 주말에만 생활하는 시골집 앞에 누군가 키우던 강아지를 버리고 갔다. 유기견이다. 안타깝지만 나는 주말에만 시골에 있으니 그 강아지를 키울 방법이 없다. 할 수 없이 강아지가 드나드는 곳을 막았다. 그런데 어느 날 강아지가 온몸에 끈끈이를 묻히고 나타났다. 그리고 나를 쳐다보는 그 눈동자…. 그 뒤로 그 강아지는 나타나지 않았다. 너무도 미안하고 안타까운 마음이 들었다.

이렇게 주변에 있었던 일화들을 이야기로 엮는데 마무리가 잘되지 않았다. 그런데 하루는 해외 공연 예술제에서 만난 루마니아인 친구가 이렇게 말하는 것이다. "야, 너희 나라 매미는 왜 그렇게 시끄럽니? 시끄러워서 잠을 못 잤어." 그 말에서 힌트를 얻어 매미 이야기를 더해 대본을 마무리했다.

그렇다. 이 작품은 처음부터 주제 의식을 가지고 출발한 것이 아니라 일상 속 주변 이야기를 극으로 만든 것이다.

작품 주제

환경을 주제로 한 많은 연극이 있다. 그런데 이때 이미 기사나 책으로 알려진 이야기를 다시 무대에서 보며 불편해지는 것은 나만의 감정일까?

예술가는 예술가의 시각에서 사회 문제를 바라보는 것이 필요하다. 정치가들이나 사회 운동가들이 만들어 놓은 눈으로 보는 것은 바람직하지 않다. 개인적으로는 그들이 외치는 이야기를 무대에서 펼치는 것도 싫다. 관객을 교육하려고 하는 것은 더욱 꺼려진다.

대본 속 젖소는 가슴이 울렁거리고 답답해서 울타리를 넘는다. 그것이 향수병 때문인 줄 알았는데 알고 보니 짝을 찾고 싶어서였다. 매미는 소리로 짝을 찾는데 주변이 너무 시끄러워서 할 수 없이 더 크게 운다.

이 극 대본을 통해 동물들의 생태에 대해 이야기하고 싶었다. 동물들이 인간에게 이롭게 되는 순간, 그들은 자신의 생태를 잃게 된다. 인간은 다른 동물의 생태에 어디까지 관여할 수 있을까? 이 극에서는 암탉이 알을 품어서 병아리를 까지만, 과연 어미가 품어서 태어나는 병아리는 얼마나 될까? 대부분 부화기에서 태어나는 것이 현실이다. 이렇듯 이 대본은 관객들이 극을 통해 스스로 환경, 생태에 대해 생각했으면 하는 마음에서 만들었다.

또 하나의 축은 상상력이다. 대본상에는 드러나지 않지만 관객이 자기 생각과 상상력을 통해 공연을 볼 수 있기를 바라는 마음으로 작품을 썼다. 그래서 이 작품을 무대에 올릴 때는 극에 등장하는 인형을 실제 동물 모습과 같게 만들지 않았으면 한다. 미완성의 오브제를 활용해서 관객이 끊임없이 생각하고 상상하게 만들었으면 한다.

이 대본의 특징

이 극은 '오브제 인형극'이다. 이렇게 이름 붙인 것은 단순히 인형극만으로는 설명할 수 없는 부분이 있기 때문이다.

보통은 인형을 만들 때 어떤 대상(인물)을 본떠 비슷한 모습으로 만든다. 하지만 그것은 아무리 사실적으로 만들어진다고 해도 결국은 가짜다. 기왕 가짜라면 가짜라는 것을 보다 확실하게 드러내서 관객들이 직접 상상하며 나머지를 채워 가게 하면 어떨까? 이런 생각으로 내가 이 극을 실제 무대에 올릴 때는 컵이나 스프레이, 자전거와 같은 원래의 물체가 확실히 드러나게 인물(인형)을 만들었다.

연극의 3대 요소 가운데 하나가 '관객'이다. 관객은 객석에 앉아

무대에서 전하는 것을 교육받는 사람이 아니다. 적극적으로 자기 상상력을 동원해서 스스로 공연을 완성해야 한다. 관객들이 가짜라는 것을 확실히 알면서도 극에 집중하는 것이 연극의 본질이라고 생각한다. 어딘가에 빈 곳이 있어, 그 빈 곳을 관객이 상상으로 채워 가게 하는 것이다.

이 극에서는 동물들이 등장인물이고 이들이 대화를 하면서 이야기가 진행되므로 되도록 사람의 언어를 사용하지 않았으면 한다. 동물들의 언어만으로 극을 진행할 수 있다면, 대본에 적힌 사람의 말도 모두 동물의 소리로 바꿨으면 한다.

실제로 이 극을 연습하면서 "사람의 대사가 나오는 부분까지만 견디면 된다. 그다음부턴 관객들이 쉽게 이해할 수 있을 것이다"라고 생각했는데, 실제로 공연을 해 보니 동물의 소리로 이야기가 전개될 때는 관객들이 연극에 집중했지만 사람의 말이 나오는 순간부터 집중력이 흐트러지는 걸 보았다. 그러니 모든 대사를 동물의 소리로 바꿀 수 있다면 그렇게 해 보기를 권한다.

아무나 하기 쉬운 연극 만들기

대사 없이 소리로만 연극을 할 수 있을까? 실제로 전문 연기자들은 말이 아닌 소리로 소통하는 훈련을 한다. 이 과정은 생각보다 어렵지 않고 재미있다. 배우들이 확신을 갖고 내용을 생각하면서 소리를 내면, 관객들은 집중해서 그 내용을 이해하거나 스스로 줄거리를 만들어 간다. 때론 다른 이야기를 만들 수도 있지만 배우가 분명하게, 확신을 갖고 소리를 내면 관객들은 자기 생각을 수정하면서까지 따라온다. 물론 본격적으로 극을 만들기 전에 배우들이 말이 아닌 소리와 몸짓으로 의사소통하는 놀이를 충분히 하는 것이 좋다.

앞에서도 말했지만 극에 등장하는 인형을 어디까지 진짜처럼 만들어야 할까? 내가, 우리 집단이 만들 수 있는 방법으로 만들면 된다. 꼭 사실적으로 표현하지 않아도 된다. 다만 전체적으로 통일성을 줄 필요는 있다. 종이를 세워서 인형극을 할 수도 있고, 컵을 활용할 수도 있다. 주변에 있는 사물(오브제)을 사용해서 인형극을 만들기로 하면 계속 주위 사물을 살피면서 그것을 활용할 방법을 상상해야 한다. 이 과정을 통해 연극을 만드는 사람들은 상상력을 기를 수 있다.

극을 만들 때는 작품을 해석하려고 하지 말고 스스로 무슨 이야기를 하고 싶은지를 먼저 생각하는 것이 중요하다. 하고 싶은 이야기가 확실하지 않으면 전달하기 어렵다. 말을 하지 않고 동물의 소리로만 하는 극이다 보니, '말을 하지 않기 때문에 원래의 이야기가 달라지면 어떻게 하나?' 하는 걱정을 할 수도 있다. 하지만 이것은 하나도 걱정할 필요가 없다. 바뀐 이야기로 공연을 해도 된다. 만드는 사람들의 의도만 확실하면 관객들은 스스로 상상하며 이야기를 따라온다. 다만 공연의 목적이 바뀌지 않게 주의하면 된다. 물론 그 목적을 바꾸는 것도 틀린 것은 아니다. 때로는 의도했던 목적보다 더 좋은 결론을 얻을 수도 있지만, 이런 횡재는 흔한 일이 아니다.

오브제 인형극 〈까만닭〉

송인현 지음

등장인물

배우

까만 병아리 → 까만닭

암탉

수탉

병아리 1, 2 → 중닭 1, 2

병아리 3(병든 병아리) → 병든 중닭

족제비

수의사

얼룩소(수소)

아낙

개

젖소(암소)

매미

주인

경쾌한 음악-

배우가 자전거에 수레를 달고 들어와 무대를 돈다.

수레를 떼고 그 안에서 이것저것 꺼낸다.

무릎 보호대나 허리띠를 자전거 몸체에 두르고,

안장에는 작은 방석을 얹는다.

여기까지 관객 입장도 함께 진행된다.

이때, 장치나 소도구의 소재(오브제)가 그대로 드러난다.

굳이 사실적인 모습으로 꾸미지 않는다.

배우, 자전거 바구니에 자전거 고무 클랙슨을 붙인다.

눈동자처럼 보인다.

배 우: (콧노래를 부르며) 송아지, 송아지, 얼룩송아지.

엄마 소도 얼룩소? 얼룩소…?

얼룩소는 암소와 수소가 어떻게 다를까요?

수소는 뿔이 있고 암소는 뿔이…? 암소도 뿔이…!

모르겠는데.

얼룩소는 젖소, 젖소는 얼룩소. 그럼 얼룩 수소는?

그동안 자전거는 어느 정도 얼룩소 모양을 갖춘다.

배 우: (자전거를 보며) 얼룩소 같죠? 음매애!

(다시 노래 부른다.) 엄마 소도 얼룩소, 엄마 닮았네~

자전거를 뒤로 옮겨 놓고 붉은색 컵을 들고 병아리 흉내를 낸다.
하지만 색이 맞지 않는다는 표정을 지으며 컵을 내려놓는다.
공기가 건조해 목이 칼칼하다는 표정을 짓더니 스프레이로 물을 뿌린다.
그러다가 스프레이를 찬찬히 살핀다.
스프레이가 닭의 형태에 가깝다는 것을 발견하고
스프레이로 닭을 표현한다.
하지만 완벽하지 않다는 표정을 짓는데,
옆에 이미 닭 모양으로 만들어진 스프레이를 발견한다.
배우, 스프레이로 암탉을 표현한다.

암 탉: 꼬끼오~

수탉이 나타난다.
수탉, 회를 치고 멋진 모습으로 치장을 한다.
이번에는 힘 자랑을 하면서 사랑을 구한다.

수 탉: 꼬끼오-

둘, 사랑에 빠진다.

암 탉: 쉿!

수탉이 긴장하여 주변을 살핀다.

그사이 암탉은 알을 낳는다.

하나, 둘, 셋!

세 개의 알!

수탉은 아주 조심스럽게 알들을 둥지에 담는다.

암탉이 그 알들을 품는다.

수탉은 주변을 경계한다.

밤이 된다.

수탉, 잠을 참으려 하지만 이내 잠들고 만다.

이때, 뒤에서 나타난 족제비!

나무를 타고 내려와 잠든 닭들 뒤로 가서 닭들을 해치려고 한다.

암탉이 깜짝 놀란다.

수탉이 벌떡 일어나 족제비를 쫓는다.

족제비가 털을 세우고 대항한다.

하지만 이내 수탉의 기세를 감당하지 못하고 도망간다.

수탉, 암탉을 살펴본다.

암탉이 몸을 부르르 떤다.

수탉은 걱정 말라고 위로하며 주변을 살핀다.

수　탉: (위엄 있게) 꼬끼오!

이때, 암탉이 신호를 보낸다.

수탉이 안절부절못하는데 노란 병아리 한 마리가 태어난다.

병아리 1: 삐악, 삐악, 삐악-

수탉은 병아리를 보고 귀여워서 어쩔 줄 모른다.

수　탉: 꼬끼오!

힘껏 목청을 돋우며 자랑한다.

암탉은 행복하게 이들을 바라본다.

이리저리 뛰어다니던 병아리가 수탉 머리에 올라가 벼슬을 쫀다.

수탉은 그래도 병아리가 귀엽기만 하다.

암탉, 다시 느낌이 온다.

암탉이 부르르 떨고 나니 또 다른 노란 병아리.

병아리 2: 삐악, 삐악, 삐악-

병아리 1: 삐악! 삐-악!

병아리 2: 삐악? 삐악삐악!

병아리 1: 삐악삐악삐악삐악삐악!

둘, 서로 싸운다.

수　탉: 꼬꼬댁!

수탉이 야단을 치자 둘은 서로 떨어진다.
병아리들은 삐쳐서 서로 양쪽으로 갈라진다.
수탉은 그래도 병아리들이 귀엽기만 하다.
병아리들이 삐쳐 종종거리는 모습이 춤추는 것 같다.
수탉이 다시 암탉에게 다가간다.
암탉, 조금 더 기다리라는 눈짓.
힘을 준다.
그러나 자연스럽게 부화가 안 되는지 이번엔 부리로 알을 쫀다.
그제야 또 한 마리의 노란 병아리가 간신히 껍데기를 깨고 나온다.
하지만 이내 힘없이 쓰러진다.

암　탉: 꼭?
수　탉: 꼭꼭?
병아리 1, 2: 삐악삐악삐악삐악?
병아리 3: (힘주어 일어서려다가 이내 쓰러진다.) 삐아악, 삐삐리이—

암탉이 일어서려다가 품고 있는 알이 있어 다시 주저앉는다.

그리고 걱정스럽게 병아리 3을 본다.

수탉은 병아리 3에게 "어서 일어나라"고 야단을 친다.

수　탉: 꼭꼭!

하지만 병아리 3은 일어서지 못한다.

암탉의 걱정이 크다.

암　탉: 꼬꼬.

(무언가 생각이 난 듯) 아, 꼭꼬!

수　탉: 꼭꼬?

암　탉: 꼭꼬!

수탉은 무슨 말인지 알았다는 듯이 고개를 끄덕이고 뒤로 간다.

그러고는 앰뷸런스를 타고 들어온다.

앰뷸런스에서 내려 병아리 3에게 주사를 놓는다.

병아리 3이 간신히 일어선다.

병아리 3: (힘없이 간신히) 삐이아악.

다른 병아리들이 달려와 병약한 병아리를 놀린다.

병아리 1, 2: ("얼레리꼴레리, 얼레리꼴레리.") 삐악삐악, 삐악삐악, 삐악
삐악, 삐악삐악.

암　닭: (야단친다.) 꼬꼬.

병아리 1, 2: ("피~") 삐~악.

수탉이 그런 병아리들의 응석을 받아 준다.

그사이에 암탉이 새로 깨어나는 알을 보고 깜짝 놀라 큰 소리를 친다.

암탉, 둥지를 나와 뒤로 물러선다.

암　닭: 꼬끼오, 꼬꼬!

수탉은 암탉이 왜 놀랐는지 알아보기 위해 둥지로 간다.

수　탉: (더 크게 놀란다.) 꼬끼오~!

병아리 1, 2가 두리번거리며 다가왔다가 둘 다 깜짝 놀라 뒤로 물러난다.

이어 병든 병아리 3도 조용히 안을 들여다본다.

둥지에서 살짝 얼굴을 내민 건, 까만 병아리!

까만 병아리: (날개를 흔들며 반갑다고) 삐악!

여기저기 인사를 청한다.

까만 병아리: (더 힘차게 날개를 흔들며) 삐악! 삐악삐악!

수탉이 까만 병아리 머리를 '콕' 하고 쫀다.
까만 병아리가 깜짝 놀라 얼른 둥지로 숨는다.
수탉은 왜 까만 병아리가 나왔는지 이해할 수 없어 몹시 화가 나 있다.
암탉도 영문을 몰라 잔뜩 겁에 질려 있다.
수탉, 그런 암탉을 몰아세운다.

수　탉: (암탉에게) 꼭꼬! ("어떻게 된 거야?") 꼬꼬댁, 꼭?
암　탉: ("나도 몰라.") 꼬꼬.
수　탉: 꼬꼬?
암　탉: ("정말 모르는 일이야.") 꼬꼬꼬.
수　탉: 꼬, 꼬, 꼬?

노란 병아리가 아닌 까만 병아리가 나온 것이 이해가 안 된다는 듯.

수　탉: ("노란 병아리들은 이해된다.") 꼬꼬꼬, 꼭!

("왜 까만 병아리가 나왔지?") 꼬꼭꼬, 꼬꼬댁?

암 탉: ("몰라.") 꼬꼬.

수 탉: 꼬꼬?

암 탉: ("정말 모른다고!") 꼬꼬꼬!

수 탉: (더욱 화가 나서) 꼬, 꼬, 꼬?

수탉은 계속 왜 까만 병아리가 나왔느냐고 암탉을 몰아세우지만

암탉은 영문을 모르겠다며 고개를 젓는다.

수 탉: (버럭 화를 내며) 꼬꼬댁, 꼬!

수탉은 화를 내면서 밖으로 나간다.

관객에게 묻기도 한다.

그래도 도저히 이해가 되지 않는다.

수 탉: 꼭? 꼬꼭?

풀리지 않는 답.

답답한 수탉은 술을 마시고는 비틀거리면서 뒤로 들어간다.

암탉이 조심스럽게 까만 병아리에게 다가간다.

그때 병아리 1, 2가 갑자기 달려들면서 까만 병아리를 놀린다.

병아리 1, 2: ("얼레꼴레리, 얼레리꼴레리!") 삐악삐악, 삐악삐악!

암탉이 병아리들을 나무라지만 병아리들은 계속 놀려 댄다.

암탉이 더 크게 화를 내고 나서야 병아리들이 둥지 뒤로 물러난다.

암탉, 까만 병아리에게 다가가지만 까만 병아리는 둥지 뒤로 물러선다.

이때, 병아리 3이 기침을 한다.

암탉은 얼른 병아리 3에게 달려간다.

병아리 3을 둘러업는다.

그사이에 병아리 1, 2는 다시 까만 병아리를 놀린다.

병아리 1, 2: ("얼레꼴레리, 얼레리꼴레리!") 삐악삐악, 삐악삐악!

암　탉: ("그만두지 못해!") 꼬꼬댁 꾁!

병아리 1, 2: (아랑곳하지 않고) 삐악삐악, 삐악삐악!

암탉이 더 큰 소리를 내고서야 병아리 1, 2가 도망을 친다.

암탉은 병아리 3을 업고 그 뒤를 쫓는다.

텅 빈 무대–

까만 병아리 혼자다.

혼자 먹이를 잡으려고 하지만 안 된다.

지쳐 있는 까만 병아리. 외톨이다.

이때, 암탉이 병든 병아리를 업고 병아리 1, 2를 끌고 들어온다.

그러다 바구니를 연결해 만든 기차를 발견한다.

암　탉:("그래, 바로 저거야!") 꼭! ("소풍 가자!") 꼬~꼭! 꼬끼오!

(병아리들에게) 꼬~꼭!

병아리 1: 삐~악?

암　탉: 꼬꼭!

병아리 2: 삐악?

암　탉: 꼬꼭!

병아리들은 소풍을 가자는 말에 좋아서 춤을 춘다.

그사이 암탉이 기차를 끌고 온다.

노란 병아리들이 먼저 올라탄다.

하지만 까만 병아리는 기차를 타지 못하고 멀리서 바라만 본다.

암탉이 까만 병아리에게 다가가 함께 기차에 타자고 한다.

까만 병아리는 뒤에 혼자 앉는다.

모두 기차에 타자 암탉이 기차를 운전한다.

암　탉: ("칙칙폭폭.") 꼭꼭꼭꼭.

병아리 1, 2: 삐악삐악, 삐악삐악.

암　탉: 꼭꼭꼭꼭.

병아리 1, 2: 삐악삐악, 삐악삐악.

놀이동산에 도착한다.

회전목마를 탄다.

암　닭: 꼬꼬꼬.

병아리 1, 2: 삐악삐악삐악.

즐거운 음악과 함께 회전목마가 돌아간다.

이때, 수탉이 나타난다.

아직도 분이 안 풀린 모양이다.

씩씩거리면서 까만 병아리를 쏘아본다.

까만 병아리가 뒤로 숨는다.

그사이에 노란 병아리 1, 2가 물을 발견하고 물로 뛰어든다.

하지만 이내 수영을 못해 위험에 처한다.

수탉이 달려가 간신히 병아리 1, 2를 꺼낸다.

그러고는 마치 까만 병아리에 신경을 쓰느라고

다른 병아리들을 돌보지 못해 사고가 생긴 양,

까만 병아리를 더 강한 눈빛으로 쏘아보다가

병아리 1, 2를 데리고 나간다.

수　탉: (둘만 자기 새끼인 양) 꼬끼오!

암탉은 병아리 3을 업고 까만 병아리 눈치를 본다.

까만 병아리는 슬프지만 울지 않는다.

이때, 뒤에서 나타난 족제비!

까만 병아리를 덮치려는데 암탉이 족제비 꼬리를 부리로 쫀다.

족제비가 놀라 도망을 간다.

암탉이 족제비를 쫓는다.

족제비는 꼬리가 빠지게 도망을 간다.

암탉은 계속 족제비를 쫓는다.

하지만 병든 병아리를 업고 있어 이내 지쳐 포기를 한다.

그리고 뒤를 돌아보는데,

까만 병아리가 보이지 않는다.

암탉이 황망하게 주변을 돌아보지만, 찾을 수 없다.

암 탉: 꼬끼오! 꼬끼오!

한참을 찾다가 할 수 없이 집으로 돌아간다.

텅 빈 무대.

그제야 몸을 숨기고 있던 까만 병아리가 고개를 내민다.

어미를 찾는다.

까만 병아리: 삐악, 삐이악!

아무도 없다.

벌판엔 까만 병아리 혼자다.

주변을 둘러본다.

춥다.

무섭다.

배가 고프다.

풀벌레 소리-

까만 병아리가 풀벌레를 잡아 보려고 하지만 잘 잡히지 않는다.

풀벌레를 계속 쫓지만 잡을 수 없다.

어느새 날이 밝는다.

피곤하다.

무언가에 깜짝 놀라 몸을 숨긴다.

수의사: 자, 가자!

수의사가 얼룩소를 끌고 들어온다.

얼룩소를 중앙에 세워 두고 이리저리 살핀다.

수의사: 어디 보자!

음, 씨가 좋겠어. 얼마 전까진 씨 받는 소를 따로 키웠지만, 그렇게 '씨소'를 키워 소들끼리 사랑을 해서 아기를 낳으면, 그런 소한테선 우유를 얼마 얻지 못하지.
우유를 많이 얻기 위해선 과학의 힘이 필요한 거야, 과학! 뭐든 사람의 손이 가야 더 많은 수익을 낼 수 있단 말이야!
그래, 이놈들은 절대 짝이 있다는 사실을 알면 안 돼. 그럼 발정해서 무슨 짓을 할지 알 수 없거든. 송아지가 태어나면, 태어나자마자 수컷 송아지는 따로 떼어서 키우는 거야. 그래야 서로 짝이 있다는 사실을 모르거든. 짝이 있다는 사실을 몰라야— 젖이 나오면 순순히 젖을 짤 수 있게 가만히 있지.
젖소들이, 젖이 부풀면, 그게 지 애들 먹일 것이란 걸 몰라야 돼. 그래야 사람이 젖 짜는 걸 그냥 두지. 몰라서 순순히 젖을 짜게 놔두는 거야.
수컷들은, 멀리 떨어져서 따로 자라야 암컷이 있다는 사실을 모르지. 그걸 몰라야 잔뜩 먹이를 먹고 살이 찌거든. 운동을 시켜선 안 돼. 그럼 살이 빠진다고. 고기도 질겨지고.
잘 길들여야 맛있는 고기를 즐길 수 있지!
(다시 둘러보며) 잘생겼다! 이건 유럽산인가, 미국산인가? 아무렴 어때. 우유만 많이 짜면 되지.
자, 이제 천천히 씨를 받아 볼까?

수의사, 얼룩소를 어루만지다가 정액을 채취한다.

얼룩소: 음므우~

수의사: 오, 양도 최고야!

수의사가 채취한 액체를 상자에 넣어 두고 얼룩소를 끌고 나간다.

까만 병아리가 수의사 행동을 따라 한다.

까만 병아리: 씨? 꼭꼬, 과학? 꼭?

수의사 흉내를 내다가 다시 얼른 몸을 숨긴다.

이번에는 작은 개가 온몸에 끈끈이를 붙이고 나타난다.

개는 끈끈이 때문에 움직일 수 없다.

개: 끄응, 끄으응.

까만 병아리를 발견하고 도움을 청한다.

하지만 까만 병아리는 무서워하며 뒤로 숨는다.

개는 더 고통스러워한다.

그러자 어느새 까만 병아리가 다가와 끈끈이를 떼어 준다.

개는 아파서 비명을 지른다.

까만 병아리가 놀라 도망을 갔다가,
이내 다시 돌아와 끈끈이를 부리로 쫀다.
개는 아프지만 소리를 참는다.

개: *끄응, 끙!*

드디어 끈끈이가 떨어진다.
개가 고맙다며 까만 병아리를 핥아 준다.
이번에는 사람(관객)을 보고 반갑게 꼬리를 흔들며 다가간다.
그러다 갑자기 사람을 향해 큰 소리로 짖는다.

개: *깡깡깡!*

다시 까만 병아리에게 와서 부르르 떤다.
이제 까만 병아리는 그냥 바라만 본다.

개: *끄응~*

개가 고통스러워한다.
까만 병아리는 개를 위로해 주고 싶다.
주위를 돌다가 돌부리에 걸려 걸음걸이가 이상해진다.

아니, 그것이 재미있다.

팔짝팔짝 뛰어 보니 더 재미있다.

그것은 춤이다.

개에게 함께 춤을 추기를 청한다.

까만 병아리: 삐악삐악, 삐악삐악!

개는 싫다고 돌아눕는다.

까만 병아리는 다시 반대편으로 돌아가 춤을 추길 청한다.

까만 병아리: 삐악삐악, 삐악삐악!

개는 한참을 바라보다가 자기도 따라 한다.

개: 왈, 왈, 왈, 왈!

까만 병아리: 삐악삐악, 삐악삐악!

개: 왈, 왈, 왈, 왈!

까만 병아리: 삐악삐악, 삐악삐악!

개: 왈, 왈, 왈, 왈!

같이 춤을 춘다.

둘은 친구가 된다.

이번에는 개가 높이 뛰어올랐다가 빙글 돌아 떨어지는 묘기까지 펼친다.

까만 병아리는 잘 따라 하지 못한다.

개는 더 활발하게 춤을 춘다.

계속되는 춤.

그러다가 개의 몸짓이 굼뜨기 시작한다.

순간 까만 병아리가 중닭이 되어 나타난다.

시간이 흐른 것이다.

이번에 개는 숨을 헐떡이고, 까만 중닭은 더 높이 뛰어오른다.

다양한 묘기까지 선보인다.

까만닭: 꼬꼬댁, 꼭! 꼬꼬댁, 꼭!

개: 왈, 왈, 왈, 왈.

개는 늙어서 힘이 없다.

구석으로 가서 숨을 헐떡인다.

까만닭: 꼬꼬댁, 꼭! 꼬꼬댁, 꼭!

개: 헉, 헉, 헉, 헉. (“인제 그만.”) 왈왈.

까만닭은 늠름한 자태를 뽐낸다.

까만닭: 꼬끼오!

새처럼 날기도 한다.

개는 멀리 날아가는 까만닭을 보고 미소를 짓는다.

개: 왈~

개는 날아다니면서 먹이를 잡는 까만닭을 보며 흐뭇한 미소를 보낸다.

까만닭이 새처럼 날아 멀리 간다.

개는 하품을 하며 잠을 청한다.

이때, 한 아낙이 지나가다 개를 발견한다.

아 낙: 에그, 깜짝이야!

어디론가 전화를 건다.

그러고는 마구 화를 낸다.

아 낙: &(^&%^(+_+*&(*&&%#$!
&(^&%^(+_+*&(*&&%#$!

아낙이 급히 사라지고-

바로 사내가 나타나 커다란 망으로 개를 잡아간다.

개: 컹컹컹컹–!

까만닭이 돌아오다 이 모습을 보고 통곡한다.

까만닭: 꼬끼오~ 꼬끼오~

이때, 갑자기 수탉이 나타나 큰 소리를 치며 도망간다.

수 탉: 꼬꼬댁! 미친 소다, 꼭꼬! 도망가! 꼭꼬.
닭장을 부쉈다, 꼬꼬댁! 미친 소, 꼬꼬댁!
꼬댁꼭꼬, 꼬꼬댁꼭~

중무대를 휘젓고 들어간다.
뒤로 중닭들도 도망가다가 숨이 차서 멈춘다.

중닭 1: (숨을 헐떡이며, "아이고, 숨 차.") 꼬꼬꼬꼬.
중닭 2: ("나도 힘들어.") 헉꼭, 헉꼭.
중닭 1: ("숨자!") 꼭!
중닭 2: ("여기?") 꼬꼭?

중닭 1: ("그래, 여기.") 꼬꼬댁, 꾹.

중닭들이 바위 밑으로 몸을 숨긴다.

옆으로 어미 닭은 병든 중닭과 도망을 가고 있다.

하지만 병든 중닭을 부축하느라 더디기만 하다.

어미 닭은 많이 늙었다.

암 탉: ("빨리 서둘러.") 꼭꼭, 꼭꼬.

병든 중닭: ("엄마 먼저 가.") 꼬꼭.

암 탉: ("힘내.") 꼭꼬.

그러다가 까만닭을 보고 깜짝 놀란다.

암 탉: 꼭?

까만닭: 꼬꼬?

암 탉: 꼭!

서로를 금방 확인하고는 포옹한다.

(이후 아래 내용을 주로 의성어로 표현한다.

물론 전체 내용을 전하기는 힘들지만 이야기의 흐름을 따라가면 된다.)

암　탉: ("도망가자!") 꼭꼬! ("닭장이 부서졌어.") 꼬꼬댁. ("미친 소가.")
음므, 꼭꼬. ("닭장을 부쉈어.") 꼬꼬댁, 꼭꼬 꽉!

까만닭: ("미친 소?") 꼭꼬?

암　탉: 꼭꼬!
("이제 우린 아무것도 남지 않았어. 아무것도.") 꼬꼬댁, 꼭꼬, 꼭, 꼬꼬댁.

까만닭: ("전 처음부터 아무것도 없었어요.") 꼭, 꼬꼬댁, 꼭!

암　탉: ("무슨 소리니?") 꼬꼬댁, 꼭?

까만닭: ("전 처음부터 아무것도 없었어요.") 꼭, 꼬꼬댁, 꼭!

암　탉: 꼭, 꼬꼬댁? ("그래.") 꼭, 꼭 꼬꼬댁.

암탉이 더 이상 말을 하지 못한다.

병든 중닭: ("같이 도망가자.") 꼭, 꼭꼭꼭.

까만닭: ("아냐.") 꼭꼭.

까만닭이 멀리 시선을 돌린다.
암탉과 병든 중닭은 까만닭의 그런 모습에 가슴이 아프다.
이때, 수탉이 다시 들어와 병든 중닭을 안고 들어간다.

수　탉: ("미친 소야! 미친 소라니까!") 꼬꼬댁, 꼭! 꼬꼬댁!

다시 나와 암탉을 데리고 급하게 들어간다.

수 탉: ("미친 소야! 미친 소라니까!") 꼬꼬댁, 꼭꼭! 꼬꼬댁, 꼬꼬댁!

까만닭도 위험을 감지하고 몸을 숨긴다.

잠시-

갑자기 젖소가 날뛰면서 들어온다.

가슴에는 커다란 젖병이 달려 있다.

젖 소: 음므!

한참을 날뛰다 지쳐서 주저앉는다.

숨을 고르다가 멀리 바라보며 노래를 부른다.

젖 소: 내 고향으로 날 보내 주…
오곡백과가 만발하게 피었고….

노래를 부르다 까만닭을 발견하고 크게 반긴다.

젖 소: 음무우….

까만닭: 꼭!

젖 소: ("너도 까맣구나.") 너, 음무우 까망!

까만닭: 꼭꼬!

젖 소: ("고향이 어디야?") 고향 음무?

까만닭: ("고향?) 꼬꼬?

젖 소: ("고향!) 음!

까만닭: ("글쎄.") 꼬꼬.

젖 소: ("까만 걸 보니 멀리서 왔구나.") 음무우까망, 음믐. 음머얼리. 고향 음무?

까만닭: ("고향?) 꼬꼬?

젖 소: 음~ 고향!

까만닭: ("네가 부순 닭장.") 꼬꼬댁, 꼬꼬 닭장.

젖 소: 닭장? ("미안.") 음마, 음. ("닭장 말고.") 닭장, 음므. ("엄마가 태어난 곳은?") 음마, 음음마아, 엄므아?

까만닭: 엄므아, 엄므, 엄마?

젖 소: 므므! ("엄마의 엄마.") 음므으 음므아. ("엄마의 엄마의 엄마의 엄마의 엄마의 엄마의 엄마는?") 음므아 음므아 음므 음므 음므아 음무의 음므 음므?

까만닭: ("몰라.") 꼭꼬.

젖 소: ("몰라?") 음마?

까만닭: ("난 여기서 태어났어.") 꼬꼬꼭, 꼭꼬꼬.
("여기가 내 고향이야.") 고향, 꼬꼬, 여기 꼬꼬.

젖 소: ("에이, 바보.") 음므므 음, 바보.

("아, 답답해!") 음매애!

("그런데 언제부턴가 갑자기 가슴이 울렁거리기 시작했어. 막 울렁거려.") 음무우 음매애 음매, 음무무 음매 음음.

고향 음무! 음무으 고향!

까만닭: ("고향이 어딘데?") 고향 꼭꼬?

젖 소: ("몰라.") 음무. ("그리운 곳이야!") 음매음!

("가슴 설레는 곳.") 음, 음, 음매음무!

("가슴이 뛰는 곳.") 음, 음, 음허허음!

고향, 음무우- 내 고향으로 날 보내 주-

오곡백과가 만발하게 피었고

종달새 높이 떠 지저귀는 곳….

노래를 부르다가 지쳐서 잠이 든다.

까만닭, 젖소를 살핀다.

매미 소리가 작게 들린다.

까만닭, 고개를 들어 매미를 바라본다.

매미 소리, 차츰 커진다.

까만닭: 쉿!

하지만 매미는 아랑곳하지 않고 더 크게 소리를 내서 운다.

잠자던 얼룩소가 시끄러워 잠을 깬다.

젖　소: ("시끄러!") 음무!

매미 소리, 잠깐 잠잠해진다.

얼룩소는 씩씩거리다가 다시 잠을 청한다.

그러자 다시 매미 소리-

까만닭: 쉬!

매미, 아랑곳하지 않고 더 큰 소리를 낸다.

매　미: 맴맴맴맴---!

젖　소: ("조용히 좀 하라니까.") 음매애, 으매.

그래도 계속되는 매미 소리.

매　미: 맴맴맴맴---!

까만닭: ("조용히 해!") 꼭꼬!

매　미: 맴맴. ("난 짝을 찾아야 돼.") 맴맴맴.

젖 소: 짝?

매 미: 맴맴, 짝!

짝짝, 맴맴. 짝, 맴맴맴맴.

("나나 니들이나 어떻게 태어났겠니?") 맴맴맴맴맴매앰?

("아기를 낳아야 돼.") 매애앰, 아기.

젖 소: 으매, 아기?

매미는 일생, 즉 땅속에서 7년을 살고 세상에 나와
열흘도 못 산다는 이야기를 몸으로 표현한다.
그래서 빨리 짝을 찾아 아기를 낳아야 한다고.

매 미: 맴맴, 매앰맴.

까만닭: ("알겠어.") 꼬꼬.

("그럼 같이 찾아볼까?") 꼭, 꼬꼬댁, 꼬꼬?

매 미: ("정말?") 매임?

까만닭: 꼬꼬!

젖 소: 으음! 같이, 음무!

매 미: ("고마워.") 매앰.

젖소가 큰 소리라면 자신 있다는 듯 나선다.

젖 소: (큰 소리로) 음무우~!

까만닭: (입을 막으며) 꼭! 음무우?

("아니, 아니.") 꼭꼭꼭. 매앰매앰, 맴.

젖 소: 음, 매앰!

까만닭: ("그래!") 맴!

("같이 해 보자.") 꼬꼬댁, 꼬!

매 미: ("같이?") 매앰?

까만닭: ("그래!") 맴!

다시 젖소가 앞으로 나선다.

숨을 크게 들이마시고, 크게 소리 지른다.

젖 소: 맴앰, 매앰, 맴~

까만닭: 맴맴맴맴.

매 미: 맴맴맴맴.

젖 소: 맴앰, 매앰, 맴~

까만닭: 맴맴맴맴.

매 미: 맴맴맴맴.

젖 소: 맴앰, 매앰, 맴~

까만닭: 맴맴맴맴.

매 미: 맴맴맴맴.

셋의 소리는 처음에는 화음을 맞추는 듯하다가,

이내 커지기만 해서 시끄러워진다.

까만닭: ("그만!") 꼭꼬! ("너무 시끄러워.") 꼬꼬댁, 꼭꼭꼬. ("무슨 소린지 하나도 모르겠어.") 꼭꼭, 꼭꼭꼬, 꼬꼬댁꼬, 꼭꼬.

매 미: (걱정스럽게) 매앰-

까만닭: (문득) 꼭꼬?

젖 소: 음?

까만닭: (작은 소리로) 매애앰~

젖 소: (작은 소리로) 매앰?

까만닭: 꼭꼬!

젖 소: 음무, 음무, 음무우!

매 미: (절망스러운 소리로) 맴, 맴! (고개를 흔들고, 작은 소리로) 맴맴?

까만닭: ("해 보자!") 꼬꼬댁!

매 미: (소용없다는 듯 외면한다.) 맴!

하지만 까만닭은 젖소에게 함께 하자고 눈짓한다.

젖소가 다시 앞으로 나서며-

젖 소: (크게) 매애!

까만닭: (막아서며, 낮은 소리로 단호하게) 꼭꼬.

젖 소: 아, 음무!

까만닭: (작게) 꼭꼬.

젖소가 다시 크게 숨을 들이쉬고는-

젖 소: (아주 낮은 소리로) 매~

까만닭: 매앰.

젖 소: 매앰.

까만닭: 매앰.

둘의 소리가 낮지만 아름다운 화음을 이룬다.

매미도 차츰 그 소리를 더한다.

아주 작게, 작게 소리가 퍼져 나간다.

그러자 멀리서 암매미가 날아온다!

매미와 암매미는 사랑의 춤을 춘다.

매 미: 맴맴맴맴! ("고마워!") 맴맴맴맴!

둘은 한 몸이 되어 멀리 날아간다.

젖 소: 음므? 음? 짝! 음매, 짝!

까만닭: 짝?

젖 소: 짝, 음무우!

까만닭: 아, 네 짝?

젖소는 처음 들어왔을 때처럼 큰 소리를 지르다가 지쳐서 쓰러진다. 이때, 수의사가 들어온다.

수의사: 오, 여기 있었군! 이놈이 발정을 했어. 아기를 갖고 싶은 게지. 그래, 이렇게 아기를 갖고 싶어 할 때 아기씨를 넣어 주면 성공률도 높고, 젖도 많이 짜는 소를 얻을 수 있지.
그럼, 지들끼리, 소들끼리 사랑을 해서 낳은 소한테선 우유를 얼마 얻지 못하지만, 이렇게 사람의 손으로 씨를 넣어 주면 젖을 많이 짜는 소를 얻을 수 있지. 이게 바로 과학이야, 과학!
아마 이놈들은 제 짝이 있는 줄도 모를걸. 그럼, 그래야, 짝이 있는 줄 몰라야 순순히 사람 말을 듣지.
하루 종일 먹기만 하고 젖만 짜는 거야. 그게 전부야. 다른 생각을 못 하게 하는 거지.
먹고 또 먹고, 그래서 젖이 무거워지면 젖을 짜고, 또 짜고! 꽉. 꽉!
(문득) 그런데, 이놈은 왜 발정을 해서 날뛰는 거지? 닭장까

지 부숴으니. 어떻게 그런 느낌을 받았을까? 그래, 본능은 무서운 거야!

자, 이제 슬슬 시작해 볼까? 워, 워!

수의사, 젖소를 달래서 뒤로 들어간다.

그리고 커다란 고무장갑을 낀다.

손에는 처음의 비커가 들려 있다.

비커의 액체를 손에 묻혀 젖소 뒤에 집어넣는다.

젖 소: ("아냐, 이건 아냐!") 음매!

뒷발질하며 뛰쳐나간다.

수의사가 넘어진다.

수의사: 어이쿠, 저놈의 소가!

젖소를 잡으려고 절뚝거리면서 따라 나간다.

수의사: 잡아라!

모두 나간다.

달이 뜬다.

바위 뒤에서 중닭들이 고개를 내민다.

중닭 1: ("괜찮아?") 꼭?

중닭 2: ("괜찮아.") 꼭꼬.

중닭들은 두려움에 몸을 떤다.

그러다 주인 기척을 듣고 달려간다.

주 인: 이놈들, 여기 있었구나!
(얼른 잡으며) 이것들을 어디다 가두지? 젖소가 발정해서 뛰어다니다 닭장이 부서졌으니!
할 수 없지, 며칠 있으면 손주들이 내려온다니, 탕을 해 먹고, 지져 먹고, 튀겨 먹어야지!

중닭들은 그 소리를 듣고 절망한다.

이때, 까만닭이 갑자기 주인에게 달려든다.

까만닭: 꼬꼬댁!

주 인: 에쿠, 이건 뭐야?

주인, 깜짝 놀라 넘어진다.

잡고 있던 중닭들을 놓친다.

주인이 중닭들을 쫓지만, 벌써 주변이 어두워졌다.

주 인: 이놈들을 잡아야 하는데. 못 잡으면 족제비한테 잡혀가거나 길고양이들 먹이가 될 텐데.

아깝다!

주인이 들어가면, 까만닭이 중닭들을 안전한 곳으로 안내한다.

중닭 1: ("혹시?") 꼭꼬?

까만닭: 꼭!

셋은 서로를 확인하고 부둥켜안는다.

그리고 이번에는 까만닭이 훌쩍 날아가

암탉과 병든 중닭을 데리고 들어온다.

모두 끌어안으며 좋아한다.

까만닭은 재빨리 움직여 먹이를 잡아 온다.

먹이를 먹으려는데, 수탉이 족제비에게 쫓겨서 달아난다.

까만닭이 그 뒤를 쫓는다.

수탉을 쫓던 족제비가 까만닭에게 꼬리를 물려

비명을 지르면서 달아난다.

도망가던 수탉이 뒤를 돌아보고, 까만닭과 가족들을 보고 깜짝 놀란다.

까만닭은 수탉을 모두가 있는 곳으로 안내한다.

수탉은 망설이지만,

까만닭은 끝까지 안내하여 제일 높은 자리에 앉혀 준다.

그리고 먹을 걸 같이 나눈다.

까만닭, 힘차게 소리 지른다!

까만닭: 꼬끼오! 꼬끼오!

밤은 점점 깊어 간다.

(끝)

© 극단민들레

〈까만닭〉 실제 공연 사진. 관객이 자기 생각과 상상력을 통해 공연을 볼 수 있기를 바라는 마음으로 이 작품을 썼다. 그래서 작품을 무대에 올릴 때는 극에 등장하는 인형을 실제 동물 모습과 같게 만들지 않았다. 미완성의 오브제를 활용해서 관객이 끊임없이 생각하고 상상하게 한다.

5.
원작이 있는 연극
〈마당을 나온 암탉〉

원작을 새롭게 해석하다

작품 의도

〈마당을 나온 암탉〉은 황선미 원작의 소설을 읽고 그 감동을 연극 무대에서도 나누고 싶어서 도전한 작품이다. 연극 외에도 뮤지컬, 창극 등 다양한 방법으로 각색을 해서 공연했다.

연극은 이야기를 무대에 올리는 것이니 원작이 있으면 그만큼 만들기가 쉬울 것으로 생각하기 쉽지만 결코 그렇지 않다. 소설책을 각색해 무대에 올리려다가 원작의 감동을 잃게 되는 경우도 많기 때문이다. 하지만 이를 두려워할 필요는 없다. 책은 책이고, 연극은 연극이다. 책에서 발상을 얻은 후, 연극은 무대라는 특색을 살려서 만들어 올리면 되는 것이다.

처음 황선미 원작의 《마당을 나온 암탉》을 연극으로 만들겠다고 했을 때, 책을 출간한 출판사에서는 "애니메이션이나 가능하지, 어떻게 연극 무대에 이야기를 올릴 수 있겠느냐"며 걱정했던 기억이 난다. 하지만 이 작품은 어떤 희곡보다도 연극적 가치가 뛰어나다고 생각했기 때문에 도전하고 또 도전하고 있다.

그동안 연극 〈마당을 나온 암탉〉을 배우들의 움직임을 중심으로 풀기도 하고 테이블 인형극으로 만들기도 했다. 또 전형적인 연극 문법으로, 때로는 뮤지컬로, 한국 음악극(창극과는 조금 다르다고 여겼다)으로도 만들어 보았다. 그러나 늘 아쉬움을 갖고 다음을, 또 다음을 도전하게 하는 작품이다.

이 책에 실린 대본은 '늙은 개'의 눈으로 주인공 '잎싹'을 바라보고 있다. 주인에게 쫓겨나 숲에서 족제비에게 쫓기며 두려움에 떨던 늙은 개가 당당한 모습의 암탉 잎싹을 보고, 잎싹이 처음 마당에 들어왔을 때부터 초록머리를 키우는 과정을 회상하며 이야기는 전개된다. 원작의 기둥이 튼튼하기 때문에 다양한 방법으로 해석하고 줄거리를 바꿔도 그 가치가 변하지 않는 참으로 귀한 작품이다.

작품 주제

〈마당을 나온 암탉〉은 원작부터가 주제를 하나로 정하기 힘든 작품이다. 아무리 어렵고 절망스러워도 소망을 품어 보자는 잎싹의 말처럼 '소망'이 주제일 수 있고, 닭이 오리 새끼를 훌륭하게 키워 내는 이야기인 만큼 종의 벽을 넘어선 이야기일 수도 있으며, 나아가 '문화의 벽'을 넘는 이야기로 요즘의 '다문화 사회'와 연관

지어 생각할 수도 있다.

초록머리의 반항을 중심으로 하는 '엄마의 사랑' 역시 큰 주제이다. 혹은 초록머리가 성장해 엄마 품을 떠나는 모습에서 주제를 찾을 수도 있고, 잎싹이 도망갈 수 있는 상황에서도 족제비의 먹이가 되기를 자처해 족제비 새끼가 자라날 수 있게 하는 죽음의 이야기는 종교적인 영역까지 가 닿는 주제이기도 하다.

또한 이 대본은 늙은 개의 시선으로 잎싹을 바라보고 있는 만큼 진정한 삶의 가치, 참다운 용기를 주제로 한다. 안온한 마당에서 주인의 눈치를 보며 비굴하게 사는 것과 스스로 마당을 나와 거친 세상에 당당하게 맞서는 것 가운데, 당신이라면 어떤 삶을 선택할 것인지 질문한다. 지금 우리는 어떤 삶을 향해 가고 있는가를 생각하게 한다.

이렇게 다양한 주제를 품고 있는 작품인 만큼 어떤 주제를 가지고 가느냐는 전적으로 공연을 감상하는 관객의 몫이다.

이 대본의 특징

이 대본은 내가 《마당을 나온 암탉》 원작을 두 번째로 각색한 것이다. 처음에는 원작의 틀을 순서대로 따라가면서 각색했다면 이 대본에서는 원작의 중후반, 다시 말해 늙은 개가 마당에서 쫓겨난 이후부터 시작한다. 늙은 개와 잎싹이 지난 시간을 회상하면서 순간적으로 과거로 돌아가고, 다시 현실로 돌아오는 구성이다.

누군가는 이러한 구성이 어린이들에게는 어렵지 않겠느냐고 따져 물을지도 모른다. 하지만 많은 어린이들이 퍼즐 놀이를 즐기는데, 퍼즐을 즐기지 않는 어른들의 눈에는 어려워 보이는 조각들도 어린이들은 손쉽게 꿰어 나가듯이 어린이들은 이야기 조각을 잘 맞춰 갈 수 있다.

또한 예술 작품을 감상자의 눈에 맞춰 제작하는 방법도 있겠지만 감상자들이 조금은 어렵고 난해한 작품을 나름의 생각을 통해 보게 하는 것도 좋은 방법이다. 예를 들어 어떤 책은 집중해서 읽어도 내용이 눈에 들어오지 않고 잘 이해가 되지 않는다. 하지만 이런 책을 읽은 경험, 그 집중하고 애썼던 경험은 다음에 다른 책을 읽을 때 크게 도움이 된다. 그보다 조금만 쉬워도 책장이 술술 넘어간다.

〈마당을 나온 암탉〉은 동물들이 이끌어 가는 이야기인 만큼 사람이 동물을 연기한다는 것이 무척 어렵게 느껴질 수 있다. 영화라면 이를 얼마나 사실적으로 표현하느냐가 성공과 실패를 가르게 된다. 하지만 연극에서는 실제 동물이 되어 연기할 필요는 없다. 사실적인 표현도 좋지만 '연극은 가짜'이기 때문에 가짜의 특성을 잘 살리면 된다. 즉, 연극은 가짜를 통해 진짜가 아닌 '진실'을 보여 주는 작업이다. 만약 무대에서 진짜로 상대방의 얼굴을 때린다면 어떻게 될까? 순간, 관객은 극의 흐름을 잃고 "아, 정말 아프겠다"고 생각한다. 오히려 가짜로 보이게끔 때려야만 극적인 흐름을 이어갈 수 있다.

그런데 요즘은 많은 사람들이 영상매체의 힘 때문인지, 아니면 연극의 특성을 경험할 기회가 적어서인지, 연극을 할 때도 자꾸만 사실적으로 표현하려고 한다. 거듭 말하지만 영상은 사실적인 표현이 중요할 수 있다. 때로는 사실보다 더 사실적인 표현을 하기 위해 다양한 기법을 사용하기도 한다. 그러나 연극은 가짜를 통해 더 강력한 힘을 갖는다.

아무나 하기 쉬운 연극 만들기

복잡한 극일수록 만들기 전에 먼저 '스토리보드'를 작성하면 좋다. 이 작품을 공연하기 위해서는 몇 개의 장면이 꼭 필요한지, 각 장의 중심 장면은 무엇이고 그 장에서 꼭 관객들과 나눌 내용은 무엇인지, 그러기 위해서 배우들은 어떻게 연기하고 서로 어떤 관계를 맺어야 하는지를 그림판으로 만들어 보는 것이다.

이 작품을 뮤지컬로 각색한 적이 있는데, 그때는 잎싹이 닭장에 갇혀 있는 장면을 매우 중요하게 생각했다. 사람들이 아파트에 사는 모습이 닭들이 닭장에 갇혀 사는 것과 비슷한 느낌을 줄 수 있었으면 해서 그 장면을 아주 인상적으로 만들었다. 하지만 이 대본에서는 그 장면을 지나가는 말로 몇 마디 언급하고 넘어간다.

'왜 이 작품으로 연극을 하려고 하는가?'를 생각하면서 그 주제를 전달하는 이야기의 전개를 위해 중요한 장면을 먼저 정해 보는 것이 좋다. 그러고는 그 장면을 보다 작은 단위로 나눠서 각 장면의 주제를 적고, 이를 드러내기 위한 방법이나 대사를 찾는다. 이렇게 먼저 작품의 틀을 잡으면 연극에 참여하는 사람들이 그 장면에서 꼭 해야 할 것이 무엇인지를 알게 한다.

여기서 주의할 점은 전체 주제가 정해졌다고 해도 장면마다의 중심 이야기는 다르다는 것이다. 그 다른 이야기들을 하나의 흐름에 녹이는 것이 중요하다. 그래서 나는 물리적인 결합보단 화학적인 결합이 중요하다는 이야기를 자주 한다. 순서를 잘 맞추는 것도 좋지만, 더 중요한 것은 그 내용을 잘 정리하는 것이다. 따라서 원작에는 없는 장면을 넣을 수도 있다.

동물 연기를 할 때는 그 동물들의 특징을 잘 표현해 주면 좋다. 닭은 머리를 끊어서 움직이지만 오리는 연결해서 움직인다. 닭 소리의 특징과 오리 소리의 특징은 어떻게 다른지, 걸음걸이는 어떻게 서로 다른지를 생각해 보자. 물론 연극을 만들어 보지 않은 학생들이나 일반인들이 이를 지속하기는 힘들 수 있다. 하지만 이런 질문을 해야만 인물들을 구체적으로 표현할 수 있다. 만약 "나는 평범한 일반 연극처럼 만들 거야"라고 한다면 그것도 좋다. 다만 전체적인 연기의 톤을 정하는 것이 중요하다.

의상이나 소도구의 힘을 빌리는 것도 좋다. 그렇다고 진짜 닭처럼, 오리처럼 만들 필요는 없다. 관객이 그렇게 생각할 수 있는 기호를 찾는 것이 중요하다. 이 작품을 처음 준비할 때, 무대미술을 하는 친구가 원작 이야기에 너무도 감동하여 멋진 잎싹 인형을 만들어 왔다. 하지만 이를 극적으로 쓸 수는 없었다. 그래서 손에 간단한 기호를 나타내는 도구를 대신 사용하게 되었다. 결과는 훨씬 좋았다.

남들이 잘한 것을 따라 하지 말자. 어디서 봤던 것을 흉내 내지 말자. 내가 잘할 수 있는, 우리 집단이 잘할 수 있는 방법을 찾아보자!

책에서 나온 연극 〈마당을 나온 암탉〉

황선미 원작 / 송인현 각색

등장인물

잎싹

늙은 개

초록머리

족제비(애꾸눈 족제비)

사냥꾼(족제비 수컷)

청둥오리 1

청둥오리 2

그 외 코러스

숲속.

늙은 개가 숲속을 헤맨다.

불안한 듯 주변을 둘러보다가 나무 밑둥에 '찔끔'하기도 한다.

갑자기 하늘이 어두워지면서 청둥오리 떼가 날아든다.

늙은 개가 놀라서 도망간다.

청둥오리들의 춤.

여유롭고 한가롭다.

잎 싹: (갑자기 나타나) 도망가!

청둥오리들이 날아가자 족제비가 나타나 허공을 향해 헛손질을 한다.

그러다가 잎싹을 발견하고는 잎싹을 쫓는다.

이번엔 초록머리가 나타나 시선을 흩어 놓는다.

사냥꾼들은 초록머리 다리에 달린 끈을 잡으려 하지만,

초록머리는 아슬아슬하게 위기를 모면하고 높이 날아가 버린다.

사냥꾼들은 사냥을 허탕 친 것에 분해하면서 나간다.

늙은 개, 가쁜 숨을 몰아쉬고 돌아선다.

잎싹과 마주친다.

잎 싹: 넌?

늙은 개: (고개를 떨구며) 마당에서 쫓겨났어. 너처럼.

잎 싹: 아니, 난 마당을 나왔어. 스스로 마당을 나온 암탉, 잎싹이야.

늙은 개: 잎싹?

잎 싹: 잎싹을 닮고 싶어서. 아카시아는 꽃이 지고도 언제나 잎이 푸르잖아. 그 잎사귀를 닮고 싶어서 잎싹이라고 이름 지었어. 아무도 불러 주지 않아도, 그래도 이름이 있으니까 내가, 내가 된 것 같아.

늙은 개: 네가, 네가 된다? 이름이 없으면 너는 네가 아니냐?

잎 싹: 이름이 있으면 좋잖아. 넌 이름이 뭐야?

늙은 개: 황구. 아니, 없어. 그냥 '개'지 뭐. '늙은 개'.

잎 싹: 그래도 이름을 가져 봐.

늙은 개: 생각해 볼게. (돌아서다가) 그런데 양계장 닭들은 왜 잠도 안 자고 하루 종일 꼬꼬댁거리는 거야? 불은 늘 훤하게 밝혀 놓고.

잎 싹: 자고 싶지. 닭들도 자고 싶어. 그런데 알을 많이 낳게 하려고, 사람들이 알을 많이 낳게 하려고 항상 불을 켜 놓는 거야.

늙은 개: 왜?

잎 싹: 닭들은 밤엔, 어두운 곳에선 알을 못 만들거든. 그래서 사람들이 늘 환하게 불을 켜 놓는 거야.

늙은 개: 잠은?

잎　싹: 못 자지. 거의 못 자. 더군다나 좁은 데 갇혀 알만 낳다 보니, 어떤 닭들은 부리로 철창을 막 쪼아서 부리가 다 망가지기도 해. 그러니 닭들이 그렇게 울지 않을 수 있겠어? 꼬꼬댁 꼬꼬….

늙은 개: 쯧쯧, 그래서 매일 그렇게 꼬꼬댁거렸구나. 꼬꼬댁 꼬꼬….

잎　싹: 재워 달라고 아우성치는 거지. 꼬꼬댁 꼬꼬….
그래도 난 소망을 품었지, 거기서도 소망을!

늙은 개: 소망? 그런 게 뭔 소용이야. 늙고 병들었는데. 그냥 사는 거지.
(자리를 떠나려다가, 멀리 바닥에서 물컹한 물건을 발견하고는) 그날, 양계장에 갔었어.

잎　싹: 꾹?

늙은 개: (회상하며) 주인을 따라, 알을 챙기러 양계장에 갔었지.
주인이 "먹이다! 사룟값이 또 올랐어. 먹성이 좋은 만큼 값을 해야지." 그러면서 알을 주워 담는데, 엥? 이런 물컹물컹한, 네가 낳은 알을 주워 보고는 "알이 되다 말았어!" 하면서 팽개쳤지. (물컹한 물건을 던진다.)

잎　싹: 아!

늙은 개: 그러고는 "병들었어!" 하곤 네 목덜미를 꽉 잡아 외발 수레에 싣고 나가 버렸지. 그런데 새벽에, 네가 마당에 들어

온 거야.

잎 싹: 응, 그때, 나그네가, 청둥오리 나그네가 날 '닭무덤'에서 꺼내 줬어. 내가 '마당에 살게 해 달라'고 했거든. 양계장에서 마당이 보였어. 마당은 안전하고 아늑해 보였으니까. 그래서 마당에서 살고 싶어서, 나그네 뒤를 쫓아갔던 거야.

늙은 개: (그 상황이 되어) "크르릉…. 난 문지기야, 문지기! 내 허락 없인 아무도 들어올 수 없어. 왕, 왕…."

잎 싹: "아냐, 난 병을 옮기지 않아. 그냥 마당에서 살 게만 해 줘."

늙은 개: 이때, 수탉이 턱 나서며 "마당에 들어와도 좋다!" 이러는 거야.

아니나 다를까, 저쪽에서 마당 암탉이 수탉을 쏘아보고 있었잖아. 그러니까 그 허풍쟁이 수탉은 "꼭, 꼭. 오늘 밤, 오늘 밤뿐이야. 날이 밝는 대로 이곳을 떠나!" 했지. 수탉은 마당 암탉한텐 꼼짝도 못 하거든.

그런데 그때 네가 뭐라고 했더라?

잎 싹: "나도 암탉이야."

늙은 개: 그래! 그러니까 마당 암탉이 "마당에 암탉은 나 하나로 충분해. 이제 곧 애들이 태어날 텐데 이렇게 신경 쓸 일이 많아서야! 꼭꼭꼭꼭" 하면서 신경질을 부리는데….

미안해.

잎　싹: 뭐가?

늙은 개: 내가 널 쫓아냈잖아. 잠을 설친 바람에 늦잠을 잤지 뭐야. 시끄러워서 눈을 떴는데, 네가 막 마당 식구들한테 혼쭐이 나고 있더라고.

잎　싹: 지렁이를 잡아먹었다고, 암탉 간식에 손댔다고.

늙은 개: 난 그것도 모르고. 너 때문에 마당이 시끄러워지면 곤란했거든. 난 문지기였으니까.

그래서 (다시 그 상황이 되어) "가! 왈왈왈! 암탉은 조용한 곳에서 알을 품고 싶어 해. 시끄러운 건 딱 질색이야" 하면서 널 쫓아냈잖아. 나가면 죽을지도 모른다고 생각하면서도.

잎　싹: 괜찮아. 처음엔 정말 막막했지. 그런데 막상 마당을 나와 보니 그게 아니었어. 천지에 먹을 게 넘쳐 나는 거야. 벌레도 배추도 풀도 먹었지. 처음엔 사료에 길들여진 입맛이라 힘들었지만, 이렇게 몸이 좋아졌잖아.

모이를 먹는다.

늙은 개, 한참을 바라본다.

늙은 개: 초여름인가, 오리들 따라 저수지에 갔다가 거기서 널 봤어. 네가 살아 있는 걸 보고 얼마나 반가웠는지! 정말이야. 그런데 네가 금방 어디론가 사라졌더라고. 미안하다고

말하고 싶었는데….

잎싹, 늙은 개 어깨에 잠시 손을 얹어 주고는 위로 올라간다.

늙은 개: 저수지에선 오리들이 헤엄을 치면서 노래를 불렀지.
"꽉꽉꽉꽉, 꽉꽈라꽈, 꽉꽉!
우리는 달라, 우리는 달라,
마당을 나가 헤엄을 치고 주인을 도와 농사일도 하지.
꽉꽉꽉꽉, 꽉꽈라꽈, 꽉꽉!"
주인에게서 쫓겨난 나를 놀려 댔어.
하지만 나그넨 달랐어. 그렇게 놀리지 않았지.
그런데 나그네가 뽀얀 오리와 사랑에 빠졌지 뭐야!
그때부터 나그네하고 뽀얀 오리는 마당에 들어오지 않았어.
야생 습관이 깨어났던 거지.
그러고는 매일 밤 꽉꽉 소리를 질러 대는데,
"꽉꽉, 꽉꽉, 꽉꽉---!"
(불안한 듯 제자리를 빙빙 돌다가) 어느 날, 네가 아기를 데리고 마당에 온 거야.

잎 싹: (눈물을 흘리며) 나그네!

늙은 개: 왜 그래?

잎 싹: 나그네와 뽀얀 오리의 비명을 듣고 달려갔어. 그런데 아무

것도 없었어. 내가 잘못 들었나 했는데, 발아래에 예쁜 알이 있더라고.

(그때 생각을 하며) "누구 아기일까? 어미가 올 때까지만, 그래, 그때까지만."

(알을 살짝 볼에 댄다.) "아직 따뜻해. 알을 낳은 지 얼마 안 됐어. 무서워하지 마. 내가, 내가 품어 줄게." (알을 품는 시늉을 한다.)

그렇게 알을 품었지. 정말 따뜻했어. 내가 그렇게 꿈꾸던 알을 품어 보다니! 양계장에선 매일 같이 알을 낳아도, 어떤 날에는 둘이나 낳았는데도 품을 수가 없었거든. 알을 낳으면 바로 아래로 굴러갔으니까. 정말 내가 알을 품다니!

(다시 알을 품는 동작)

나그네가 물고기를 물어다 주더라고.

늙은 개: 나그네가?

잎　싹: 매일 같이.

늙은 개: 매일?

잎　싹: 매일. 그런데 밤마다 소리를 지르는 거야.

늙은 개: 밤마다? (나그네 시늉을 하며) "꽉꽉꽉꽉!"

잎　싹: "소리 좀 지르지 마! 밤마다 그렇게 소릴 지르니까 잠을 잘 수 없잖아."

늙은 개, 머쓱해한다.

하지만 잎싹은 그때 상황에 빠져 있다.

잎 싹: "고마워. 벌써 한 달 넘게 먹이를 물어다 주는데…. 소리를 작게 내면 괜찮아. 날개를 펴고 그렇게 하는 거, 사실 춤추는 거 같았어. 나는 것 같기도 하고!"

정말 나그네의 몸짓은 춤추는 것 같았지. (나그네가 날개를 펴던 모습을 상상하며 날개를 편다.)

춤추는 것 같다고 했더니 좋아하더라고. 내색은 안 해도 다 보이더라니까.

그런데 오른쪽 날개가 왜 부러졌는지 물으니까 버럭 화를 내곤, 아주 퉁명스럽게 "알이 깨면 저수지로 가" 하는 거야.

늙은 개: (나그네 시늉을 하며) "알이 깨면 저수지로 가."

잎 싹: 그게 마지막이었어. 그때 족제비가 날 향해 다가오고 있더라고!

나그네는 족제비한테 달려들었지. 하지만 이미 지칠 대로 지친 나그네는, 족제비가 목줄을 물고 있는데도 계속 발버둥 치면서 멀리, 멀리, 내게서 멀리 떨어지려고 애쓰는 거야. 얼마나 고통스러웠을까! 그때까지 뽀얀 오리는 한 번도 보이지 않았어.

나그네가 그렇게 갔는데, 그런데 둥지를 보니까!

(아기를 품으며) “아, 아가!”

난 아기는 마당에서 살게 해 주고 싶었어. 아늑하고 따뜻한 곳에서. 안전한 곳에서.

그래서 알이 깼을 때, 아기를 데리고 마당으로 갔던 거야.

늙은 개: 그때, 마당에도 새 식구들이 생겼었어. 마당 암탉이 막 알을 깠거든. 그것도 여섯씩이나. 마당 암탉은 병아리들한테 ‘꼬크드르’를 가르쳤지.

“코크드르.”

“삐약.”

“노노. 코크드르.”

그때 네가 들어왔던 거야.

그러자 수탉이 나타나서-

(수탉 흉내를 내면서) “어디, 오리 새끼 좀 보자!”

잎 싹: “오리 새끼?”

늙은 개: “그럼 주둥이가 둥근 닭 봤어? 발가락이 붙은 닭 봤냐고?”

잎 싹: “아가!”

늙은 개: “차라리 음식점에 팔려 갔으면 이런 망신은 안 당하지.”

“그래, 요릿감이 되는 게 훨씬 닭답게 죽는 일이다.”

“볏을 가진 족속이 남의 새끼를 까다니.”

“그래, 암탉 한 마리가 우리 족속을 웃음거리로 만들었어."

"우리 족속의 수치야. 부끄럽지도 않아?"

잎 싹: (당당하게) "그만! 나는 정성껏 알을 품었어. 병아리가 아니라 오리라도 난 이 아기를 사랑해. 아기도 날 엄마라고 생각하는걸."

늙은 개: 그래, 그랬었지. 그때 주인이 들어와 "웬 암탉이 굴러들어왔지? 토실토실한 게 살집이 좋은데. 새끼 오리까지 거저 얻다니. 마당에서 살게 해야겠어. 그런데 저 오리 새낀 어디 가두거나 날개 끝을 잘라야겠는걸" 하는 거야.

주인이 들어가고도 의견이 분분했지만 어쩌겠어, 주인이 결정한 일인데.

그런데 아침에 눈을 떠 보니 네가, 네가 아기를 데리고 마당을 나갔더라고.

왜? 왜 그랬어?

잎 싹: 주인이… 아기 날개를 자른다고 해서.

늙은 개: 그것 때문에? 아프지도 않다던데. 그냥 따끔한 정도래.

잎 싹: 싫어. 날개를 자르면서까지 길들여지게 할 순 없었어.

늙은 개: 고집은. 아무튼 그 사건 때문에 내가 얼마나 구박을 받았는데.

잎 싹: 왜?

늙은 개: 네가 나가는 걸 지키지 못했으니까.

잎 싹: 미안해.

늙은 개: 그래도 내가 누구냐? 주인이 나타나면 앞다릴 들고, 꼬리를 흔들면서 왈왈왈….

이때 초록머리가 날아온다.

잎 싹: 초록머리야!

늙은 개: 초록머리?

초록머리: 안녕하세요? 그런데….

늙은 개, 자꾸 고개를 돌린다.

초록머리: 아, 문지기 아저씨? (공격적인 몸짓이다.)

늙은 개: 미안하다. (얼른 잎싹을 보면서) 그런데 어떻게 이렇게 잘 키운 거야?

잎 싹: (웃으면서) 그때, 마당을 나와 아기를 데리고 저수지로 갔어. 나그네가 왜 저수지로 가라고 했는지 그제야 알았으니까. 저수지에서 초록머린, 스스로 잘 자라더라고. 가르쳐 주지 않아도 헤엄도 치고 물고기도 잡고! 내가 그걸 어떻게 가르치겠어? 몸도 부쩍부쩍 자랐지.
가끔 오리들이 저수지로 와서는 초록머리를 마당으로 보

내라고 하는 것만 빼면, 저수지는 정말 바랄 게 없는 좋은 곳이었지.

초록머리: (화를 참으며) 그땐 제가 참 말을 안 들었죠. 엄마가 뭐라고 하든 다 반대로, 반대로만 했으니까. 엄마하고 제가 다른 게, 그게 그렇게 창피하고 싫었어요. 미웠지, 엄마?

잎 싹: 아니.

초록머리: 엄마 부리는 뾰족하지만 난 둥그렇고, 엄마 발톱은 벌어져 있는데 내 발가락은 붙어 있고, 엄마는 땅에서 벌레를 잡지만 난 헤엄을 치면서 물고기도 잡고.

잎 싹: 물고기 잡는다고 어찌나 으스대던지.

초록머리: 그래요. (어느 정도 화가 풀려서, 헤엄쳐 물고기를 잡고 먹이를 주는 시늉을 하며) 엄마!

잎 싹: 그때 족제비가 나타나서 앨 잡아먹으려고 하는 거야. 무슨 정신이었는지, 나도 모르게 족제비를 걷어찼어.

초록머리: 도망치려는데, 제 몸이 저절로 떠오르지 뭐예요. 제가 처음으로 날았던 거죠.

"날았어. 엄마, 내가 날았어!"

잎 싹: "날다니, 네가 날다니! 기적이야!"

초록머리: "날았어, 날았어! 내가 날았어. 도망쳐야겠다고 생각했는데, 저절로 몸이 떠오르잖아. 내가 날았어, 엄마!"

잎 싹: "하지만 사냥꾼을 조심해야 해, 언제나!"

초록머리: "걱정 마. 난 날 수도 있고 헤엄도 치잖아."

잎싹, 행복하게 초록머리를 바라본다.

초록머리: "엄마."
잎　싹: "응?"
초록머리: "오랫동안 생각했는데, 우리 마당으로 가는 게 어때?"
잎　싹: "…." (아무 말 없이 먹이만 먹는다.)
초록머리: "외톨이로 사는 게 싫어. 나도 무리에 끼고 싶어. 거긴 오리들도 있잖아. 엄마가 날 사랑하는 건 알아. 하지만 우리는 서로 다르잖아."
잎　싹: "!"

순간, 잎싹의 숨이 멎는다.

초록머리: "꽉- 꽉꽉-!" (그러나 소리가 나오지 않는다.)

잎싹이 조용히 초록머리의 어깨에 손을 얹는다.

늙은 개: 그래서 다시 마당에 왔었구먼.
초록머리: 네. 제가 아무것도 몰랐던 거죠. 저수지에서 오리들을

만나면 언제든지 마당으로 오라고 했거든요.

늙은 개: 하지만 오리들은 본체만체했지. 어린 수탉 녀석은 널 막 쪼아 대고.

그때, 주인이 "그놈 이쁘네! 마당에 살도록 해야겠어!" 그러자 눈치 빠른 수탉이 먼저 나서서 널 안으로 끌어들였지. "꼭꼭꼭꼭."

초록머리: 그때, 처음 사람 냄새를 맡았어요. 가까이 가면 안 될 것 같았는데, 마당에서 살면, 그럼 더 잘 살 수 있을 것 같아서, 외롭지 않을 것 같아서….

그런데….

늙은 개: "잡았다!"

주인이 널 잡아서 기둥에 묶어 두고 안으로 들어갔던 거야. (초록머리 발목에 끈을 묶고 다른 쪽은 기둥에 묶는다.)

그때 애꾸눈 족제비가 나타났지.

(족제비 시늉을 하며) "칵! 저렇게 묶여 있으니 식은 죽 먹기지."

잎 싹: "안 돼. 차라리 날 먹어!"

늙은 개: 족제비는 "저리 비켜! 저놈을 잡아서 내 눈의 원수를 갚아 주마!" 하면서 널 잡아먹으려고 했고. 난 족제비를 쫓겠다고 마구 짖었지. 멍! 멍멍–

그때 주인이 들어와 족제비를 내쫓았어.

(주인이 되어 족제비를 쫓아내고는) "오리를 묶어 놓으니 족제비

가 오네. 헛간에 넣어야겠어." 그러면서 초록머리 발목에 묶인 끈을 풀 때 네가 달려들었잖아.

암탉이 주인한테 덤벼든 거야.

헉! 난 숨이 탁 막혔어. 주인한테 달려들다니!

초록머리: 덕분에 이렇게 도망쳐 왔죠.

늙은 개: 어떻게 그럴 수 있지? 주인한테! 주인을 쪼았어!

잎　싹: 엄마니까.

늙은 개: 엄마?

네가 도망가고, 그래서 널 향해 짖는데, 아무리 짖어도 소리가 안 나와. 헉, 헉.

(주인 흉내를 내며) "에그. 차라리 사냥개를 키우든지 해야지. 나가!" 이러는 거야.

평생 마당을 지켰는데….

잎　싹: 그래서 마당에서 쫓겨난 거야?

늙은 개: ….

이때, 다시 철새인 청둥오리들이 날아와 앉는다.

늙은 개는 청둥오리 소리에 깜짝 놀라 무서워하며 숨는다.

잎싹은 초록머리가 청둥오리들에게 다가갈 수 있게

슬며시 자리를 피한다.

초록머리가 청둥오리들에게 다가간다.

청둥오리들은 반갑게 맞이하다가

초록머리 발목에 매달린 끈을 보고 도망을 간다.

초록머리는 외톨이가 된다.

그러다가 멀리서 바라보는 잎싹과 눈이 마주친다.

초록머리, 끈을 발로 찬다.

그러다가 지친다. 쓰러진다.

잎　싹: 끈 때문이야!

초록머리: 나 그냥 엄마랑 살래.

아무 말 없이 어미 품에 안긴다.

잎　싹: 지금은 쉬자. 쉬면서 천천히 생각해 보자.

초록머리: 청둥오리들까지 그렇게 나오다니! 오리도, 청둥오리도….

잎　싹: 초록머리야. 네가 특별한 아이란 걸 알았잖아. 지금은 그것으로 됐어. 이제부터 하나씩 풀어 가자. 하나씩. 하나씩, 하나씩….

초록머리가 잠이 든다.

잎싹은 초록머리를 누이고

천천히 초록머리를 살핀다.

그리고 문득-

끈을 길게 늘이더니 부리로 끈을 쪼다.

잎 싹: 악!

잎싹의 부리에서 피가 난다.

늙은 개, 그 모습을 보고 다시 놀란다.

숲들도 놀란다.

초록머리가 몸을 뒤척이면서-

초록머리: 아이, 귀찮아!

그리고 다시 잠이 든다.

잎싹은 초록머리를 살피고 잠이 든 것을 확인하고는 다시 끈을 쪼다.

부리가 피투성이가 된다.

초록머리: (이제야 잠이 깨서) 엄마?

잎 싹: 조금만!

초록머리: 안 돼, 피! 엄마 아프잖아. 안 돼. 난 괜찮아.

잎 싹: 조금만, 조금만 더. 거의 다 됐어.

초록머리: 그만!

끈이 끊어진다.

초록머리: 엄마!

잎 싹: (초록머리를 밀치며) 이제 무리로 날아가. 다 없애진 못했지만 불편하진 않을 거야.

초록머리: 싫어, 나 엄마랑 살래.

잎 싹: 내가 날 수 있다면 여기 머물지 않을 거야. 더 넓은 세상을 봐야지.

초록머리: 나 엄마랑 살래.

잎 싹: 이제 넌 네 길을 가야지!

초록머리: 내 길?

잎 싹: 이제 너는 너의 길, 나는 나의 갈 길을 가는 거야.
어미 품을 떠나 더 넓은 세상을 봐야지. 어미가 보던 세상과 다른 네 세상.

지금껏 구석에서 이들을 보고 있던 늙은 개, 눈물을 훔친다.
이때, 들이닥치는 사냥꾼들.

초록머리: 도망가!

초록머리가 사냥꾼들을 유인하며 도망간다.

그사이 잎싹은 늙은 개와 함께 몸을 숨긴다.

이때, 한 무리의 청둥오리들이 다시 내려앉는다.

한가롭게 날개를 접고 있는데-

초록머리: (급히 날아와) 도망가!

청둥오리들이 모두 날아간다.

사냥꾼: 저놈 때문이야, 초록머리 저놈!

족제비: 저놈부터 잡아야겠어.

자리를 뜬다.

청둥오리들이 날아와 자리를 잡는다.

청둥오리 1: 어떻게 그렇게 잘 알 수 있지?

초록머리: 그건….

잎　싹: (나서며) 이곳 지형을 잘 알고 사냥꾼들의 습성을 잘 알고 있기 때문이야!

청둥오리 2: 그렇다면 우리의 파수꾼이 되어 줘.

초록머리: 파수꾼?

청둥오리 1: 파수꾼이 당하고 난 다음부턴 사냥꾼들이 판을 친단 말이야. 우리들의 파수꾼이 되어 줘.

초록머리: 그래!

초록머리는 잎싹에게 인사하고 청둥오리들과 함께 날아간다.

늙은 개: 다 키웠네.

잎 싹: 자기 일을 찾았어. 이제 더 넓은 세상으로 나가게 해야지!

다시 하늘을 나는 청둥오리들,

그 무리를 이끄는 초록머리.

그리고 시간의 흐름-

초록머리는 예쁜 청둥오리와 사랑을 나눈다.

늙은 개, 잎싹을 만난다.

늙은 개: 고마워.

잎 싹: 뭐가?

늙은 개: 마당에서 쫓겨나 어떻게 살지 걱정했는데, 네가 있어- 저 파수꾼이 있어 나도 겨울을 날 수 있었으니.

잎 싹: 자연에 잘 적응한 덕이지. 들었어?

늙은 개: 뭘?

잎 싹: 사냥꾼들이 거의 다 여길 떠났다는 거.

늙은 개: 초록머리 때문에 사냥을 할 수 없어, 여기선 먹이를 구할 수 없어 다들 딴 곳으로 갔다지?

잎 싹: 하지만 애꾸눈 족제비는— 나한테 당해서 한쪽 눈을 잃은 그 족제비는, 초록머리를 덮치려고 할 때 내가 그놈의 한쪽 눈을 할퀴었던 모양이야. 그 족제비는 배가 불러서 떠나지 못했대.

늙은 개: 저런. 더 조심해야겠는걸.

잎 싹: 그래야지.

늙은 개: (하늘을 가리키며) 저건?

잎 싹: 초록머리야. 오랜만이네.

늙은 개, 한쪽으로 피한다.

초록머리가 예쁜 청둥오리와 함께 날아와 잎싹에게 소개시킨다.

서로 화목한 모습.

하지만 이내 둘은 자리를 떠난다.

늙은 개: (슬며시 다가와) 에그, 오랜만에 왔으니 같이 자고 가기라고 해야지.

잎 싹: 아냐. 재들은 재들 사는 곳이 편해.

늙은 개: 참, 별도 곱다!

잎 싹: (별을 보고 노래한다.) 그래. 언제나 품 안의 자식인 줄 알았

는데…. 그래도 난 소망을 이뤘어.

늙은 개: 소망?

잎 싹: (노래한다.) 소망, 소망. 소망을 이뤘네.
내 가슴으로 알을 품어 너의 탄생을 보았네.
소망을 이뤘네.
고달픈 삶에도 행복했던 건 소망을 품었기 때문이야.
이제 너의 소망을 키워라. 넓은 세상을 꿈꾸거라.
너의 길로 나가 너의 꿈을 이뤄야 한다.
너의 소망을 키워라. 넓은 세상을 꿈꾸거라.
네가 진정 원하는 너의 길을 찾아야 한다.
소망, 소망, 소망.

노래 부르는 동안 장소가 바뀐다.
노래를 마칠 때, 족제비 새끼들의 울음소리.
잎싹, 소리가 나는 곳으로 간다.

잎 싹: 누구 아기일까?

다가가다가 깜짝 놀라 몸을 움츠린다.

잎 싹: 발짐승? 그렇다면….

얼른 몸을 숨긴다.

늙은 개도 반대쪽으로 숨는다.

초록머리: (멀리서) 엄마—

잎　싹: (낮은 소리로) 오지 마.

초록머리: (앉으며) 엄마! 어디 계세요?

잎　싹: 날아가!

그러나 그 순간, 족제비가 초록머리의 발목 끈을 잡고 늘어진다.

족제비: 카악! (초록머리를 잡는다.)

잎　싹: (달려가 족제비 새끼들을 들어 올리며) 놔! 안 그러면 나도 네 자식들한테 똑같이 할 거야!

족제비: 안 돼. 아직 눈도 못 떴어.

잎　싹: 넌 더했어. 나그네도, 뽀얀 오리도, 그리고 이번엔 내 아이까지.

족제비: 배가 고파서, 살기 위해서 그랬어.

잎　싹: 나도 배가 고파.

족제비: 안 돼. 넌 아무거나 먹을 수 있잖아. 난 뭐든 산 것밖에 먹을 수가 없어.

잎　싹: 산 것밖에? 그럼 다른 먹이가 있다면 놓아줄 수 있어?

족제비: 다른 먹이?

잎　싹: 논에 있는 짚가리 알지? 거기 가면 살찐 쥐들이 있어.

족제비: 살찐 쥐?

잎　싹: 어서 놔! 난 늙었어도 발톱과 부리는 아직 쓸만해. 너도 알지?

족제비: 아, 알아! 제발….

잎　싹: 놔!

족제비: 알았어. (초록머리를 놓는다.)

잎싹, 족제비 새끼들을 놓고 뒤로 물러선다.

초록머리와 잎싹이 뒤로 숨는다.

족제비: 왜 세상은 내게, 내게 왜 이렇게 불공평한 거야!
난 언제나 사냥을 해야만 해. 죽은 건 먹을 수 없어.
모두 떠나고 나 혼자 남아 외로이 사냥을… 해야만 해.
(새끼들을 쓰다듬으면서) 아가, 귀여운 우리 아가들.
엄마가 지켜 줄게.
너희를 위해서라면 내 살이라도 떼 주마.
걱정 마, 엄마가 지켜 낼 거야.
아가, 아가 너힐 위해서라면–
(어린 새끼들에게 젖을 주려다가) 젖이 안 나와….

족제비, 새끼들을 안고 잎싹을 쫓으려다 반대쪽으로 나간다.

늙은 개, 질겁하며 도망간다.

다시 만나는 잎싹과 초록머리.

잎　싹: 어떻게 된 거야?

초록머리: 잠깐 방심했어요.

잎　싹: 잠시도 방심하면 안 돼.

초록머리: 알아요. 그런데….

잎　싹: 그런데?

초록머리: 우리, 그러니까 청둥오리들이 내일 여길 떠나요.

잎　싹: 이렇게 갑자기?

초록머리: 그래요. 저도 이렇게 갑자기 떠날 줄 몰랐어요.

잎　싹: 그래, 파수꾼이 앞장서야지!

초록머리: 엄마!

잎　싹: (밀면서) 어서!

초록머리, 나간다.

늙은 개, 다시 들어와 잎싹을 위로하려고 한다.

그때-

늙은 개: ….

잎　싹: ….

늙은 개: 이게 무슨 소리지?

주변이 흔들리면서 새 떼들이 날아간다.

밝아 오던 날이 갑자기 깜깜해진다.

멀리서 초록머리가 어미를 보고 손짓한다.

초록머리: 엄마!

잎　싹: 잘 가!

잎싹은 언덕 위로 달려가 날개를 흔들며 마지막 점까지 보려고 애쓴다.

그러다가 자기가 날개를 펴고 있다는 것을 안다.

잎　싹: 아! 왜 난 한 번도 날고 싶다는 생각을 못 했지?

늙은 개: 뭐라고?

잎　싹: 이것도 날갠데….

늙은 개: 날개?

잎　싹: 그래!

늙은 개: 그런 날개로 날겠다는 생각을 한다는 건, 그냥 헛된 꿈이야.

잎　싹: 그럴까?

늙은 개: 그렇지.

잎 싹: (나는 시늉을 하다가 족제비를 발견한다.) 도망가!

늙은 개, 깜짝 놀라 도망간다.

족제비, 잎싹을 쫓다가 새끼들을 떨어뜨린다.

족제비: 칵!

잎 싹: (도망가다가 멈춰서서) 그래, 날 잡아먹어라. 그래서 네 새끼들 배를 채워라!

족제비, 새끼들을 놔두고 천천히 다가온다.

잎싹은 움직이지 않는다.

족제비: 카악! (잎싹을 향해 몸을 던진다.)

잎 싹: 아!

족제비, 잎싹의 껍데기를 물고

다시 새끼들을 안고는 "꺼이꺼이" 하고 운다.

아니, 웃는다.

그리고 힘겹게 걸어 뒤로 사라진다.

늙은 개: 으, 왜 도망가지 않았지? 도망갈 수 있었는데….

늙은 개, 다가가서 잎싹의 흔적들을 만져 본다.

벌써 아카시아꽃이 날리고 있었다.

늙은 개: 날고 싶다고, 날고 싶다고 했지? 자!

잎싹의 깃털을 날려 준다.

늙은 개: (깃털과 아카시아 잎을 주워 날리면서) 휘이… 휘이….

뒤로 막이 열린다.

하늘이 넓게 펼쳐진다.

그 하늘 한가운데서 잎싹이 노래를 부른다.

잎　싹: 소망, 소망. 소망을 이뤘네.
　　내 가슴으로 알을 품어
　　너의 탄생을 보았네.
　　소망을 이뤘네.
　　고달픈 삶도 행복해. 소망을 이뤘기에….

늙은 개: 소망! 나도 소망이란 게, 그게….

(같이 노래 부르다가, 문득) 가만, 이름! 나도, 이제라도 내 이름을 지어 볼까? 누렁이? 아냐. 그런 거 말고, 이름!
(이리저리 걷다가 돌을 줍는다.) 돌? 돌멩인 흔하지만 오래 살면서 늘 그 자릴 꿋꿋하게 지켜. 튼튼한 집을 지을 수도 있고, 디딤돌이 되고! 그래, 이제부터 내 이름은 돌멩이야.
돌멩아, 왈! 돌아, 왈왈! 돌아!

다시 나타나는 족제비.
늙은 개, 도망을 가려다가 맞서 싸운다.
족제비가 도망가고 늙은 개가 쫓는다.

늙은 개: 컹컹컹!

아카시아꽃이 더 날린다.
멀리서 잎싹이 바라보며 웃고 있다.

(끝)

© 극단민들레

〈마당을 나온 암탉〉 실제 공연 사진. 연극 〈마당을 나온 암탉〉은 배우들의 움직임을 중심으로 풀기도 하고 테이블 인형극으로 만들기도 했다. 또 전형적인 연극 문법으로, 때로는 뮤지컬로, 한국 음악극으로도 만들어 보았다. 이 책에 실린 대본에서는 늙은 개의 시선으로 잎싹을 바라본다.

맺음말

자기만의 연극 만들기를 응원하며

첫 희곡집이다. 마지막 퇴고를 하면서 처음부터 다시 쓰고 싶다는 생각이 들었다. 처음 무대에 오를 때도 그랬다. 부끄러움과 설렘, 그런 감정들이 섞인다.

그래도 이 책이 연극을 만들고 싶어 하는 사람들에게 쉽게 도전할 수 있는 용기를 주었으면 한다. 연극을 하는 사람들, 하겠다는 사람들에게 조금은 도움이 되었으면 한다.

연기를 전공하겠다는 청소년들이 이 책을 통해 '글로 쉽게 말할 수 있기'를 바란다. 왜냐하면 문자를 보고 말하는 것은 참으로 어렵기 때문이다. 특히 처음 연극을 하는 사람들이 번역극 대본부터 읽다 보면 말을 하지 못하고 책을 읽게 된다.

지문만으로도 연극을 할 수 있다는 것을 알고, 지문을 잘 살피고 이를 상상해 자기만의 방식으로 연극을 만들 수 있었으면 한다.

〈노래 주머니〉에서 박 영감(착한 혹부리)은 도깨비방망이를 도깨비들에게 돌려준다. 그러자 도깨비들도 도깨비방망이를 버린다.

〈남복이 차복이〉에서는 복 주인인 차복이가 나타나자, 남복이는 자기 자산을 모두 돌려주겠다고 한다.

〈돈도깨비〉에서는 궤짝에 있는 엽전(돈)으로 '소도 사고 말도 사고, 이웃에 가난한 사람들에게 다 나눠 주고 나니까 그다음부턴 도깨비가 안 나타나더라'고 한다.

물질적인 것들을 중시하는 지금 세태에 이런 이야기들이 의미가 있겠느냐고 묻는다. 그래서 더욱 필요한 것은 아닐까!

친구들이 "어떻게 하면 글을 잘 쓸 수 있고, 연극을 잘 만들 수 있을까?" 하고 묻는다. 그러면 나는 "작가는, 예술가는 잘하는 것보다 분명한 자기 시각을 갖고 있는 게 중요하다"고 말한다.

작가는 자기 결과물, 즉 작품과 가까이 있어야 한다. 작품과 삶이 다르다면 그것은 모조품이다.

그런데 우리 사회에는 모조품이 너무도 많은 것 같다. 모조품이 많아지는 건 진품을 바라보는 안목이 없기 때문이고, 겉치레를 중시하기 때문이다.

그렇다면, 나는 어떨까?

이 질문을 머릿속에 떠올리며 나를 돌아본다.

송인현

1980년부터 연극배우로 활동하다가 1990년에 스포츠 조선 뮤지컬 공모 〈그건 사랑이야〉(가작)로 극작 활동을 시작했다. 1996년부터 극단민들레를 창단하여 '전통을 바탕으로 한 작품', '어린이가 중심이 되는 작품'을 만들고 있다. 2007년에 자연과 예술에 스며드는 공간 '민들레연극마을'을 만들었고, 2009년부터 '품앗이공연예술축제'를 운영하고 있으며, 2019년부터는 '축제 속에 작은 축제'로 방정환 선생의 작품을 공연하고 있다. 방정환 선생의 〈호랑이 형님〉 〈느티나무〉 〈노래 주머니〉 〈불 켜는 이〉 등을 연극으로 만들었으며, 그 밖에 〈깨비 깨비 도깨비〉 〈똥벼락〉 〈돈도깨비〉 등 전통을 바탕으로 한 작품들을 공연했고, 《마당을 나온 암탉》 《꽃 할머니》 《랑랑별 때때롱》 등의 작품을 각색하여 공연했다. 지은 책으로는 《방정환 어린이 연극론》 《얘들아! 탈춤이랑 놀자》 《한판 놀아보자 탈춤》 《봉산탈춤》 등이 있다.